ドラマで読む韓国

なぜ主人公は復讐を遂げるのか

金光英実 Kanemitsu Hidemi

NHK出版新書
727

はじめに

私は韓国ドラマの字幕翻訳を生業《なりわい》にしている。ＯＴＴ（有料動画配信）やテレビなどで放送されるドラマに日本語の字幕を付ける地味な仕事だ。それと並行して、ウェブ漫画や書籍、映像の翻訳、日本人旅行者用のガイドブック作成、日本語の講師、原稿執筆、韓国企業のマーケティングなど、韓国語や韓国に関連する仕事をあれこれやっている。「随分と幅広くやっているんですね」とよく言われるが、生計のために始めた仕事がいまも続いているのだ。

私が韓国に来た一九九六年は、インターネットが普及しておらず、仕事を得るには、リアルの知り合いのツテを頼るしかなかった。だから、声をかけてもらえればどんな仕事でも手当たり次第にやった。若かったからエネルギーも度胸もあって「仕事を断る」という選択肢などなかった。

そうして手に入れた仕事のひとつが字幕だ。お酒の席で知り合った方がたまたまテレビ局の社長で、私たちは意気投合し、自己PRに成功したことでテレビ局で働くようになった。日本から来た漫画家さんたちと知り合って、その後、仕事につなげられたのも友人の紹介があったからだし、芸能人の通訳に選ばれたのも友人が推してくれたからだった。詳しくは第5章に書いたが、韓国は日本以上に人脈が物を言う社会だ。かく言う私も、常に人との出会いと縁によってキャリアを築いてきた。

私がソウルにやってきた当時の韓国ドラマは、現在とはまるで別物だった。時折テレビで見ると、登場人物がいつも怒鳴《どな》り散らしていて怖かった記憶がある。日本のトレンディドラマを見て育った私には、その泥臭さが衝撃的だった。

そんな韓国ドラマが、いまやいつでもどこでも見られるようになり、その魅力と影響力で世界中を席巻《せっけん》している。感動的なラブストーリーや迫力あるアクションなど、脚本や演出だけでも十分にエンターテインメントとして魅力的だが、その背後にある韓国文化について理解できれば、より作品を楽しめるはずだ。

例えば、ドラマには韓国の食文化が頻繁に登場するが、どのようなシーンで何が食べられているのかを知るのも、韓国文化への理解につながるだろう。また、財閥や兵役など韓国社会の根幹にかかわるテーマを知れば、ドラマをより深く楽しむことができる。

本書は、ドラマを通じて韓国への関心を強めた人、ドラマで繰り返し描かれる問題の実態を知りたい人にうってつけだ。伝統的な家族の価値観や食文化、礼儀作法、現代社会の問題や人間関係など、韓国の文化や社会をやさしく紹介する本は多いが、ドラマを切り口に深く掘り下げたものは少ないように思う。本書では、より親しみやすくするため、ドラマのタイトルやエピソードを多く盛り込んだ。もちろん、その作品を見ていない人でも楽しめるよう書いているので、「それほど多くのドラマは見ていないけれど……」という方も、気後れせずに読み進めてほしい。必ずしも順番通りに読む必要はないから、関心のあるテーマ（章）からページを開いていただければと思う。

私が本書で特に描きたかったのは、表に見えるキラキラした韓国ではなく、そこに潜む「闇」だ。闇と書くと語弊があるかもしれないが、良くも悪くもあまり見えない部分を書きたかった。特に副題にもなっている「復讐《ふくしゅう》」については、これこそ韓国人の心の闇ではないかと興奮しながら書き進めた。

強調しておきたいのは、韓国社会を知ることは、日本社会の未来を考えることにもつながるということだ。例えば、韓国の出生率は八年連続で過去最低を記録していて、日本よりも少子化が深刻だが、その背景には教育費の増大が指摘されている。裕福な家に生まれて十分な私教育を受けた子だけが「いい大学」に進み、塾に通うことのできない子は大きな不利を受けているのが現状だ。それは日本でも同じだろうが、韓国のほうが実態は厳しく、社会にさまざまな歪《ひず》みが生まれている。この「闇」は、日本の読者にとっても決して他人事ではないはずだ。

韓国についてほとんど何も知らなかった私が、ソウルに住んでもう約三十年になる。その間に感じたことや体験したことは、きっと日本の皆さんにとって有益な情報だと思う。それに、二つの文化を横断する字幕翻訳の仕事は、ただセリフを翻訳するのではなく、文化を翻訳するようなもので、そうした経験も本書を書くにあたって役立った。本書が、ドラマの向こう側にある韓国の素顔を知る一助になれば、これほど嬉しいことはない。

ドラマで読む韓国——なぜ主人公は復讐を遂げるのか　目次

※本書における為替レートは一ウォン＝〇・一一円にて記載しています。

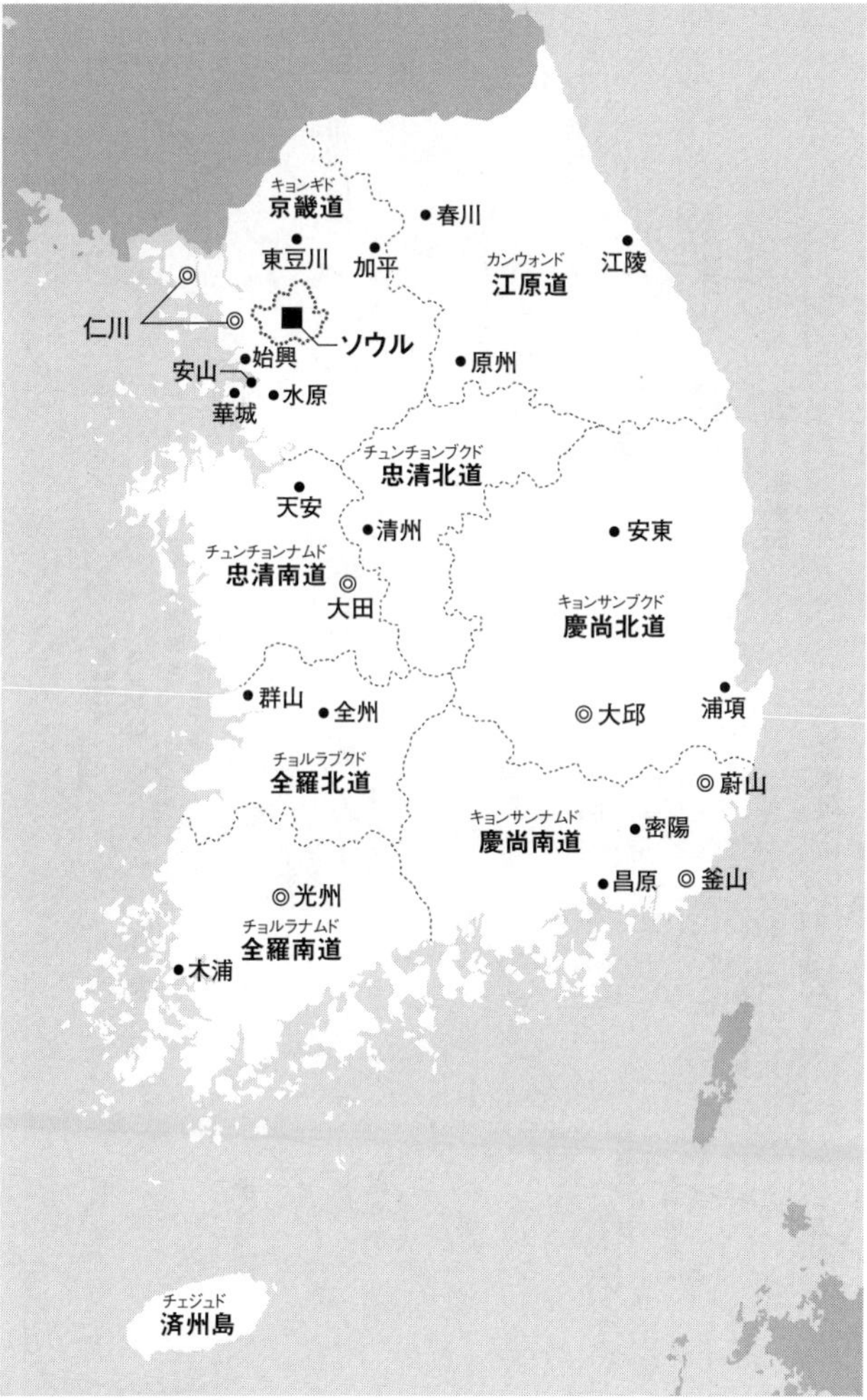
京畿道《キョンギド》
春川
東豆川
加平
江陵
江原道《カンウォンド》
仁川
ソウル
始興
原州
安山
水原
華城
忠清北道《チュンチョンブクド》
天安
清州
安東
忠清南道《チュンチョンナムド》
大田
慶尚北道《キョンサンブクド》
群山
全州
大邱
浦項
全羅北道《チョルラブクド》
蔚山
密陽
慶尚南道《キョンサンナムド》
昌原
釜山
光州
全羅南道《チョルラナムド》
木浦
済州島《チェジュド》

本書関係地図（韓国全域）

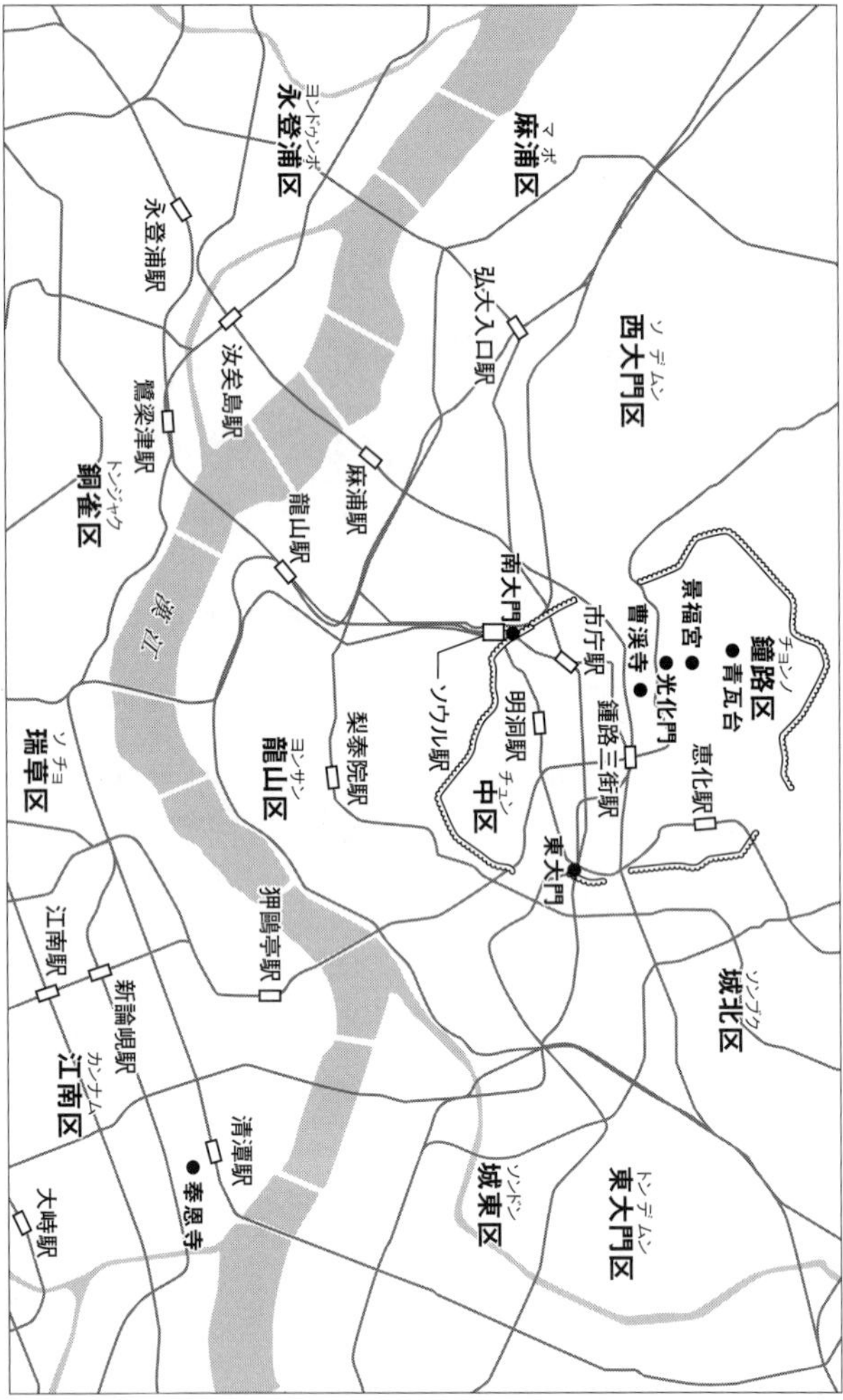

本書関係地図（ソウル市中心部）

第1章 エンタメに宿る国民性——ドラマと韓国

1　韓国ドラマ盛衰記

それは「冬ソナ」から始まった

女性週刊誌のライターをしていた二〇年くらい前、「冬のソナタ」のユン・ソクホ監督をインタビューしたことがある。当時は制作側も宣伝したかったのか、インタビューの許可もすんなりと下りた。

近ごろは韓国ドラマもすっかり日本に定着したが、「冬のソナタ」の話をすると、「大昔のドラマだからよく知らない」とか「なんとなく名前だけは聞いたことがある」と言われることも増えてきた。考えてみたら、若者にとっては物心がつく前の作品、生まれる前の作品だから無理もない。そんな読者のために、少しだけ説明しておこう。

「冬のソナタ」は通称「冬ソナ」と呼ばれ、二〇〇二年に韓国のＫＢＳテレビで放送されたドラマだ。同局のユン・ソクホ監督が企画した「四季シリーズ」のひとつで、「秋の童話」「冬のソナタ」「夏の香り」「春のワルツ」の順に作られた。

韓国では、シリーズ第一作の「秋の童話」が大ヒットを記録し、視聴率は四〇％を超えた。しかし、この作品は日本ではあまり話題にならなかった。日本でブームになったのは、二〇〇三年にNHKで放送された「冬のソナタ」。これが第一次韓流ブームの火付け役となった。

主演のペ・ヨンジュンは「ヨン様」、チェ・ジウは「ジウ姫」と呼ばれ、チェ・ジウの恋《こい》敵《がたき》役のパク・ソルミや故パク・ヨンハなど準主役の俳優たちも大人気を博した。「冬ソナ」に携わった人は、（脇役を含めて）俳優もスタッフも、メディアに引っ張りだこになった。

ユン監督にインタビューを申し込んだのは、そんな韓流ブームの芽が出始めたころだった。「どうしたらそんな面白いストーリーを思いつくんですか？」という問いに、ユン監督は優しく笑って答えた。

「交通事故、記憶喪失、家族のつながり。そういうキーワードをうまく組み合わせればいいんだよ。そうすれば、だいたい面白いストーリーができる」

拍子抜けしたが、どれも韓国ドラマの王道と呼ばれる要素だ。実際、ユン監督の「四季シリーズ」には、それらの要素が組み込まれている。

二〇〇〇年代初頭、韓国では王道ラブロマンスのドラマが流行した。音楽業界を舞台に、社長一族の複雑な事情や、心に傷を負った若者四人の愛と夢が描かれた「美しき日々」(二〇〇一年、主演イ・ビョンホン、チェ・ジウ、リュ・シウォン)、継母《ままはは》と継妹《ままいも》の陰謀や病気によって窮地に追い込まれるヒロインを描いた「天国の階段」(二〇〇三年、主演クォン・サンウ、チェ・ジウ、キム・テヒ)、目の見えない女性と幼なじみの男性の悲恋を描いた「悲しき恋歌」(二〇〇五年、主演クォン・サンウ、キム・ヒソン)などは、いずれもラブロマンスと言っていい作品だ。

これらの作品が出てきて、日本における韓国ドラマの人気は高まった。その後も、宮廷ドラマ「太陽を抱《いだ》く月」(二〇一二年)、転生ラブロマンス「トッケビ」(二〇一六年)など、胸をキュンとさせるようなドラマが人気を博した。あまり韓国ドラマを見ないという方も、韓国ドラマと言えばラブロマンスのイメージをもつ方が多いのではないだろうか。

ネットフリックスが作ったブーム

私は一九七一年生まれで、一九九六年に韓国にやってきた。日本では木村拓哉主演の「ロングバケーション」「ラブジェネレーション」などがはやっていたが、トレンディドラマ自体はやや下火に向かっている時期だった。

韓国でもトレンディドラマが流行していたが、日本のそれとは一味も二味も違っていた。というのも、韓国ドラマは家族が出てきて大騒ぎする印象が強いからだ。恋愛ドラマですら、主人公たちが親の反対を押し切って結婚するなど、親が主人公かという存在感で出てくるので、およそ「トレンディ」とはほど遠い。インターネットも普及していない時代、語学学校の先輩から三万ウォン（約三三〇〇円）で譲り受けた白黒のブラウン管テレビをつけても、聞こえてくるのは大声で怒鳴《どな》り合う家族の声ばかり。

韓国ドラマの発展段階は、初期「愛が何だ」（一九九一年）、成長期「冬のソナタ」（二〇〇二年）、拡大期「宮廷女官チャングムの誓い」（二〇〇三年）に分けられると言われる。

「愛が何だ」は、家族を中心にしたさまざまなエピソードをコミカルに描き、家族の大切さを伝えたドラマだ。一九九七年に中国で放送され、爆発的な人気を得た。現代的な家に生まれた妻が家父長的な家に嫁《とつ》ぐことから始まるハプニングはどれも面白く、夫の家に入った嫁が旧式のトイレを嫌い、実家に戻って水洗トイレで用を足すシーンなどが印象的だ。残念ながら日本では放映されていない。

「冬のソナタ」は、恋人たちの愛と自分探しを韓国の風景とともに描いたドラマ。このドラマによって、海外の視聴者は韓国に興味を抱くようになる。「宮廷女官チャングムの誓い」は、韓国の歴史と文化が深く反映されたドラマ。正義と料理というテーマで、海外の視聴者にも感動を与えた。

「宮廷女官チャングムの誓い」が成功したことで、韓国ドラマは多様なジャンルやテーマに広がっていった。歴史ドラマはもちろん、現代ドラマやファンタジーなども次々に作られ、ネットフリックスやディズニープラスなどのOTT（有料動画配信）の普及も相まって、海外の視聴者に受け入れられた。

日本における韓国ドラマの流れが再び大きく変わったのは、ネットフリックスで放映された「梨泰院《イテウォン》クラス」（二〇二〇年）だろう。私が思うに、「愛の不時着」（二〇一九年）が女性の心を、「梨泰院クラス」が男性の心をつかんだ。特に「梨泰院クラス」のヒット以降、日本人の中年男性が韓国ドラマの話をするようになったのには驚いた。ネットフリックス配信をきっかけに、新たな韓流ブームが巻き起こったのだ。

韓国が日本ドラマに憧れていた時代

世界中の視聴者に見られるようになったいまでこそ、韓国ドラマは巨額の製作費をかけることも珍しくないが、韓流ブームの前までは少ない製作費で苦労して作られていた。

二〇〇〇年代初頭のある日、テレビ局のプロデューサーに「日本からテレビ局のお偉いさんが来ているから通訳してくれないか」と急に呼び出されたことがある。私はそのテレビ局から近い麻浦《マポ》に住んでいたので、どうにか会議に間に合った。

韓国ではイ・スンマン（李承晩）政権以来、日本のコンテンツはテレビでの放送が禁止されていた。一九九八年になってキム・デジュン（金大中）大統領が日本文化を解禁してから、徐々に日本の歌や映画が見られるようになってきたが、テレビでドラマが流れるようになったのは比較的最近のことだ。

その昔、人々は日本のドラマを自分たちで入手して見ていた。日本の知人に頼んで録画ビデオを送ってもらったり、日本に行く人に市販ビデオを買ってきてもらったり。二〇〇〇年になってインターネットが発達すると、こぞって違法ダウンロードを始めた。日本のドラマは人気があり、「北の国から」（一九八一年）や「101回目のプロポーズ」（一九九一年）などはファンが特に多かった。

会議の席でプロデューサーが言った。

「私は『北の国から』の大ファンです。日本みたいにいいドラマを作りたいんですが、韓国はそこまで予算がないんですよ。『北の国から』の制作費は一話当たり二〇〇〇万円と聞いていますが、韓国はその一〇分の一ですからね、大した作品が作れません」

一〇分の一というと、およそ二〇〇万円。韓国は一九九七年、国際通貨基金（ＩＭＦ）の管理下に入った。それから二〇〇一年八月までの約三年半もの間、韓国社会の経済状況は非常に悪かったので、ドラマ一話に二〇〇〇万円も費《つい》やせる時代ではなかった。

そのプロデューサーは「韓国でも人気の木村拓哉さんに出演してもらって、日韓合作ドラマを作りたいんです」と言ったが、その後、木村拓哉出演の日韓合作ドラマが放映されなかったのを見ると、この話はうやむやになったのだろう。二〇〇〇年代初頭、韓国のドラマ制作は日本に大きく水をあけられていたのだ。

そんな低予算の作品を作っていた韓国が、いまや一話平均一〇億ウォン（約一・一億円）もかけてドラマを作れるようになったのだから、先のことは分からないものだ。

2　世界中がハマる理由

「イカゲーム」の成功

二〇二一年に配信された「イカゲーム」は、世界的な大ヒットを収めた。韓国でも人気があり、ネットフリックスの「今日のトップ10」国内ランキングで連日一位を獲得した。「イカゲーム」は、悲惨な生活を送る「人生の敗北者」たちが、大逆転の夢を抱いて命懸けのデスゲームに挑む物語だ。主人公がある日突然拉致《らち》されて、不条理なルールのゲームを強《し》いられ、生き残りを懸けてゲームを戦う。参加者たちは最後のひとりになるまで戦って、途中で負けたら死が待っている。

日本では小説『バトル・ロワイヤル』(一九九九年)をきっかけに、デスゲーム系のジャンルに火が点《つ》いたと言われる。小説『リアル鬼ごっこ』、漫画『ライアーゲーム』『神様の言うとおり』『今際《いまわ》の国のアリス』など、次々とデスゲーム系の作品が現れてはドラマ化されてきた。

一方の韓国では「イカゲーム」が出るまで、デスゲーム系の作品はあまりなかった。韓国でのヒットが見込めないとして、投資が入らなかったのだろう。たしかに、二〇〇九年に作られた『10億』というサバイバルゲームを扱った映画は、最終的な観客数が四〇万人程度と失敗に終わっている。ファン・ドンヒョク監督が、一〇年間、「イカゲーム」を世に出せなかったのもそういう理由だろう。

「イカゲーム」の成功によって、デスゲーム系、スリラー系の作品が一挙に増えた。韓国では、あるジャンルで一度ヒット作が出ると、それに追従するかのような作品が次々に生まれる。どの国でも同じかもしれないが、韓国ではことさらその傾向が強いと感じる。

最近では、日本に多い人狼《じんろう》ゲーム系の作品も出てきた。人狼ゲームとは、会話から推理して嘘をついている人を当てるパーティーゲーム。そこから派生して、正体を隠した人狼が参加者を襲う物語が生まれた。

ドラマ「夜になりました〜人狼ヲ探セ〜」（二〇二三年）は、高校生たちがある日突然、人狼ゲームに巻き込まれるが、なぜ急に殺し合いに参加させられたのか、誰が人狼なのか、嘘をついているのは誰なのか、とついつい気になってしまう作品だ。韓国ではネットフリックスで人気を博したが、日本ではアマゾンプライムの有料チャンネルでのみ配信されたためか、あまり見られていないようだ。

ドラマは韓国が誇る「輸出品」になった

韓国でも人気の高かった「イカゲーム」だが、その反面「こんなドラマのどこが面白いの？」という批判的な声も多く聞かれた。

一番の理由は、作品の中で扱っているゲームにある。映画『ＣＵＢＥ』（一九九七年）、『バトル・ロワイヤル』(二〇〇〇年)、『ハンガー・ゲーム』(二〇一二年)などと違って、「イカゲーム」では韓国の伝統的なゲームを扱っている。外国人の目には、それが目新しく映ったかもしれない。子どもの遊びを大の大人が真剣にやっていて、その姿が滑稽《こっけい》で面白いという面もあるだろう。

一方で、韓国人たちの間には「なぜこんな単純なゲームを選んだのか」と疑問を抱く人たちもいたのだ。

「イカゲーム」の最初のゲームは「ムクゲの花が咲きました」。日本の「だるまさんがころんだ」と同じだ。鬼が背を向けて「ムクゲの花が咲きました」と唱える間にしか、動くことができない。鬼が振り向いたときに動いていたら脱落。ドラマの中では本当に殺されてしまう。取っかかりのゲームとしては、死の恐怖を与えられるからいいとしよう。そのあとのゲームが面白くない。特に「綱引き」「ビー玉」「飛び石」などが不評だった。

本作とよく比較されるのが、日本の人気漫画『賭博黙示録カイジ』(一九九六年)だ。そこに登場するゲームは単純でありながら、オリジナルな要素が組み込まれている。例えば「限定ジャンケン」。グー、チョキ、パーのカードが四枚ずつ用意されていて、相手に勝つと星をもらえる。電光掲示板には、場にいる人たちの手持ちカードの合計数が種類ごとに表示される。つまり、運任せではなく戦略が必要なのだ。カイジの場合は、何らかの必勝法を思いついて起死回生を果たす、というドキドキが楽しめた。

一方で「イカゲーム」に出てきたゲームは、頭脳ゲームでもないし、興奮するようなアクションがあるわけでもない。ほとんどが体力と運任せなのだ。ゲームを通して極限状態の不安な心理、選択のジレンマがどう表現されているのかを見たい視聴者からすると、拍子抜けするような内容だったかもしれない。

つまり「イカゲーム」で強調されていたのは、ゲームの面白さというよりも、叙情的な部分だったのだ。昔ながらのゲームを使うことで、過去への郷愁《きょうしゅう》や懐かしさが描かれている。エンターテインメント性を期待していた人は、デスゲームやサバイバルゲームとしての緊張感が消えてしまって、たんなるヒューマンドラマになってしまった点が残念だったようだ。

感性は人それぞれだから、そう捉える人がいても無理はない。私が驚いたのは、そういう批判をする人たちを罵倒《ばとう》するような人が現れ始めたことだ。つまり、韓国の伝統的なゲームを素材にして世界的にヒットした「イカゲーム」を韓国のプライドと考えていて、それを貶《おとし》めることは韓国自体を貶めることになるらしい。作品として評価するのではなく、

「世界的に人気のある韓国の作品にケチをつけるのはけしからん」というわけだ。

韓国ドラマが海外でヒットするようになり、愛国者が誇る「輸出品」にまでなったのだと思うと、韓国ドラマ冬の時代を知る私には感慨深いものがある。

なぜ韓国ドラマはヒットを連発できるのか?

韓国がまだ先進国とは言えず、ドラマの制作費にもきゅうきゅうとしていた時代、韓国ドラマも映画も一部のコアなファンだけのものだった。どんなにいいものを作っても、海外ではほとんど見てもらえなかった。

昔、イ・ビョンホンの出演した映画の記者会見に参加したことがある。南北の境界三八度線上の共同警備区域(JSA)で起こった事件を描いた『JSA』(二〇〇〇年)の記者会見だったと思う。日本人の記者も大勢集まっていて、ある記者が「なぜ日本でもヒットしたと思いますか」と訊《き》くと、イ・ビョンホンはこのように答えた。

「やっと時代が韓国に追いついた」

韓国コンテンツの面白さを、イ・ビョンホンは制作側(俳優)として実感していたのだろう。

いまのように韓国コンテンツが世界的にヒットできたきっかけは、世界配信しているO

TTのおかげだ。主にネットフリックスの功績が大きい。どこの国の作品かに関係なく、面白ければ見てもらえるし話題になるからだ。

では、韓国はどうしてこんなに面白いものを作れるのだろうか?

「国が後押ししているからヒットして当然だろう」と言う向きもある。たしかに韓国には「韓国コンテンツ振興院」など、コンテンツ産業育成のための機関があるし、国を挙げて「Kコンテンツ」に総力を傾けている。二〇二四年の「Kコンテンツ予算案」は一兆一二五億ウォン(約一一一三・八億円)だ。二〇二三年に比べて一六八三億ウォン(約一八五・一億円)と、約二〇%増加している。文化体育観光部予算の一四・五%を占める国家戦略産業だ。

とはいえ、それだけでは世界的なヒットを連発することは難しい。いくらお金をかけたところで、人々の心をつかむことはできない。韓国コンテンツがヒットするのは、やはり面白いからだろう。面白さの理由は、次の二つの要素が考えられる。

まず、韓国ドラマは脚本がうまい。脚本家は、視聴者にウケそうな内容を盛り込み、感性を刺激して引き込むようなストーリーを作り上げる。これをベースに演出するので、たとえ下手な演出家でもいい作品が作れる。

そして、俳優の演技も上手だ。大根役者を使ったら、ネット上やSNSでボロクソに叩かれてしまう。だから俳優は必死で練習する。たとえ下手だと叩かれても、俳優は襟《えり》を正して聞いて、それをバネにして必死で演技を学ぶ。そして演技が上達すると、視聴者も「うまくなった」と素直に称賛する。韓国の視聴者は、批判と称賛をきちんと伝える。視聴者が俳優を評価して育てる土壌が備わっているとも言える。

私は一度、演技指導の現場を訪れたことがある。細かな部分を指導していたが、その中でも印象的だったのは、「二つ同時に動作を行わないこと」だった。例えば、「後方から呼ばれて振り向いてうなずく」シーンは、うなずきながら振り向いてはいけない。振り向いてからいったん止まってうなずけ、というのだ。必ずしもこの演技が正しいとはかぎらない。しかし、そのほうが視聴者に通じやすいと言っていて、私は納得がいった。

こうしたディテールは、教えてもらわなければ自分では気づかない。ディテールの積み重ねが視聴者を納得させられる演技につながるのだろう。

演技や演出を専門的に学ぶ人々

韓国では、大学の演劇映画学科に入って、脚本や演技、演出を専門的に学ぶ人が少なくない。中央《チュンアン》大学、漢陽《ハニャン》大学、ソウル芸術大学などが有名だ。

演出学科の場合は、映画史や映画理論に関連した講義が多い。例えば漢陽大学では、映画撮影の実習や編集などの実務を二年生から学ぶ。演出専攻で演技を学ぶことはないが、友人の作品に出演する機会はある。演技を専攻しても演出を、演出を専攻しても演技を学ぶことができて、勉強になりそうだ。

演劇を専攻していた友人は、演技の基礎をこのように学んだという。

「一年生のときに、いままでの人生で最も印象深かったことを独白の形で発表する課題があったんだけど、それが面白かったな。それと、動物園に行って動物をよく観察して表現しろとか、他の学科にはない独特な課題が多かった」

当然、一般教養や外国語も学ぶ。いまは外国語のひとつやふたつ、自由に操れないと、もし俳優になっても仕事の幅が広がらない。一般教養の知識もなければ、セリフを解釈できないかもしれない。しかし、演劇映画学科を卒業したからといって、必ずしも演出家や俳優になれるわけではない。特に成功した俳優の多くは、大学時代、あるいはそれ以前からすでに有名人であって、卒業したから俳優になれたのではない。大学内でのワークショップや課題などで多くの作品に出演しても、それが俳優への道には直接つながらないのだ。他の学科や他の業界と事情はよく似ている。

学べるのは大学だけではない。韓国には映画アカデミーがあり、修了生は関連会社の就職で有利になるとされる。MBCやKBS、SBSなどのテレビ局が主宰するアカデミーと、映画振興委員会による国立映画アカデミーの二種類がある。国立映画アカデミーは入るのも非常に難しく、ポン・ジュノ、チェ・ドンフンなどの有名な監督を輩出している。

国立映画アカデミーは一九八四年設立の、アジアでも高いレベルを誇る映画学校だ。全世界でも毎年三〇位以内に入るレベルで、「韓国の映画士官学校」と呼ばれる。この学校で作られた映画のほとんどが国際映画祭で上映されるなど、国内外で高い評価を得ている。

編成が決まる前にドラマを作る体制

二〇一〇年代に、私は江南《カンナム》にドラマ制作会社を作った。制作会社は企画からキャスティング、脚本、撮影などの全行程を受け持ち、一本のドラマを完成させなくてはならない。スター作家や演出家をつかまえるには、お金を積むだけでは難しい。業界での知名度や人間関係が必要になる。

そのため、大手テレビ局の編成を取ることができる、力のある脚本家を使ってドラマを作ろうとした。その脚本家にサブ作家を数名つけてあげて、汝矣島《ヨイド》に執筆用の部屋と毎日の食事を用意した。しかし、三か月たっても脚本家が書き上げてこなかったので、結局、制作は失敗に終わった。

そのころのテレビ局は、企画内容やタイトル、制作費に関わり、どういう番組をどの時間帯に放送するかを決める編成部が力を持っていた。編成さえ決まれば制作費が入ってくるので、編成権を持っているテレビ局関係者や、編成を取れる実力のある脚本家は引っ張りだこだった。

そのため、大した力もないのに「自分は編成を取れる」と大口を叩く関係者があちこちで出没した。ブローカーだ。そういう人がうようよいるなかで、どれが本物かを見極めるのは至難の業《わざ》だ。

編成後に番組を作ると、制作費の心配がないから安心なのだが、問題は作業が追いつかないことだった。放送ぎりぎりまで撮影してから編集し、なんとかお茶の間に流すことも頻繁にあった。

撮影しながら放送を流すから、視聴者が番組のネット掲示板に書き込んだコメントを見て、脚本を修正していくことも多かった。視聴者が文句を言うと方向転換することもあった。代表的な例では視聴率五〇％を超えた大ヒットドラマ「パリの恋人」(二〇〇四年)だ。

エンディングがどうなるのか、ネット掲示板で騒がれはじめると、プロデューサーは「(財閥の息子だった)主人公は貧乏になって結婚するが、すべてヒロインが書いた小説だったことにする」と宣言する。すると一瞬にして掲示板は焦土化。完璧なハッピーエンドを望んでいた視聴者たちによる抗議が殺到した。プロデューサーは仕方なく「エンディングを変えた」と発表。変更された結末は、よく分からないものだった。

時を経て、いまは制作後に編成を決める「事前制作」のドラマが増えた。その要因は動画配信が増えたからだ。

現在、韓国にあるチャンネルは、地上波(KBS、MBC、SBS)、総合編成(MBN、JTBC、TV朝鮮、チャンネルA)、そしてケーブル。これらのチャンネルでもし編成が決まらなくても、動画配信があるから果敢に制作に取り組める。動画配信なら制作済みのドラマを買ってくれるし、そうなると国内だけでなく海外でも儲《もう》けられる。

ドラマ内であからさまに宣伝される商品

ひと昔前は制作費不足によるギャラの未払いが多く、俳優が訴訟を起こすことが多かった。しかし、最近はそれもほとんどない。それは前述のような編成システムにある。編成が決まれば三〇％から五〇％の編制（編集制作）費が入るし、編成を取れなくても動画配信で制作費が回収できるからだ。

昔は厳しく制限されていたPPL（間接広告）が緩和されたことも制作費不足にならずに済む要因だ。制作費に充《あ》てて、余ったら会社の利益になるのだ。

最近のPPLはあからさまなものが多い。近年よく出てくるのが、コスメのカヒとファストフードのサブウェイだ。髪がつやつやになるリファハートブラシもよく見かけるようになった。

ドラマの中で「お義父《とう》様のためにこれを買っておいたから渡して」と、栄養剤が出てくることがある。ストーリーとは何の関係もなく、突然現れる商品。詳しく成分まで説明するケースもある。「えっ、その脈絡でその商品を入れるの？」と失笑してしまう。

トップスターが出ていれば、間違いなく高額のPPLが入ってくる。制作会社はドラマのシーンや設定を切り売りするようにしてPPLを集めている。最近は、自社の名前を主人公の勤める会社の名前に据えるなど、露骨《ろこつ》な出し方をするケースも増えていて、私はそれが面白くて、会社の看板が出てくると集中して見てしまう。

そういえば、二〇一四年に放映された「みんなキムチ」というドラマでは、女性がキムチでビンタするシーンが出てくる。韓国中を騒がせたこの衝撃シーンは、実はキムチのPPLだったことが分かって話題になった。PPLだと分かった理由は、ビンタする前にちらっと商標が映っていたからだ。

その後、「キンパビンタ」「パスタビンタ」「ピザビンタ」「ワカメビンタ」「ネギビンタ」など、さまざまな食品を使ったビンタがドラマに出てきた。これらがPPLだったのかは不明だが、それらのビンタが出てくるたびにキムチビンタが再び話題になったので、PPLに投資した額を十分回収できたに違いない。

ギャラの高騰が止まらない

いま韓国では地上波のドラマ制作が滞《とどこお》っている。制作費が足りないからだ。あれ、制作費はたくさんあるんでしょ？　と矛盾を感じる方もいるだろう。たしかに制作費は十分ある。しかし、一部のトップスターに支払うギャラがないのだ。

コロナウイルスが蔓延《まんえん》し、自宅から外出できなくなると、OTT、特にネットフリックスは会員数を大きく伸ばした。OTT運営企業は、さらに会員数を増やすためにコンテンツの確保に走る。ネットフリックスがテレビ局よりも高額の制作費を条件に制作を依頼すると、制作会社は高額のギャラで俳優を取り込む。ドラマがヒットすると、次はそれ以上のギャラを要求する。

このようにして、俳優のギャラは天井知らずに上がっていった。「イカゲーム」で主演を務めたイ・ジョンジェのギャラは、公式には一話一〇億〜一五億ウォン(約一・一億〜一・六億円)と言われているが、実際には二〇億ウォン(約二・二億円)だと業界ではささやかれている。

トップスターを出演させると、制作費がかさんで仕方がない。例えば、二〇二四年にヒットした「涙の女王」の場合は、全一六話の総制作費が五六〇億ウォン(約六一・六億円)だが、俳優のギャラだけで三分の一もかかったと言われる。

ネットフリックスのように資金を潤沢に提供してくれればいいが、地上波となるとそこまで予算がない。よって、予算が安く済んで手軽に作れるバラエティ番組に流れる結果となり、ドラマ制作の勢いに陰《かげ》りを見せている。

なかには、制作会社の収益からロイヤルティまで持っていくスターがいる。そうなると、制作会社にはほとんど利益が残らない。スターが出演すれば視聴率は上がるかもしれないが、番組を作るのはスターだけではない。スターと脇役のギャラの格差もますます深刻になっている。

二〇二三年一〇月に報告された「演技者賃金制度の実態調査および改善法案の研究」（韓国放送演技者労働組合）によると、過去二年間に放送された九つのドラマのうち、主演と脇役のギャラの格差が最も大きかったのは、イ・ソンギュン主演の「ペイバック～金と権力～」（二〇二三年）だった。主演のギャラは一話二億ウォン（約二二〇〇万円）、脇役の最低出演料は一〇万ウォン（約一・一万円）と、なんと二〇〇〇倍の差があった。他のドラマも七〇〇～八〇〇倍の格差がある。

実際の撮影時間を基準にギャラが計算される欧米と違い、韓国では一話ごとにギャラが決められる。脇役の撮影時間は一話あたり平均二・六三日、一日平均撮影時間は待機時間を含めて約一〇時間だ。つまり、三日の撮影で一〇万ウォンにしかならない。地方の出張費や衣装代などの経費も自分持ちなので、最低賃金にも満たない状況だ。

脇役もスタッフも安いギャラで、おそらくスターよりも長時間、苦しい仕事をしているのだから、スターだけが高額報酬を得ることには疑問を感じる。市場経済では難しいことではあるが、ギャラの上限を決めるべきではないかと思ってしまう。

また、どんなによい脚本があっても、ドラマ制作会社の規模や知名度によっては、韓国コンテンツ振興院やスポンサーが投資を渋ることも多い。そのため、中小のドラマ制作会社の場合、大手制作会社との共同制作を強要される。

そして、中小の制作会社は常に大手に主導権を取られてしまう。いつまでたっても自分たちの作品を作れず、搾取《さくしゅ》されるだけだ。スタジオドラゴン（代表作「トッケビ」「愛の不時着」等）、SLL（スタジオルルラ。代表作「梨泰院クラス」「財閥家の末息子」等）、レモンレイン（代表作「トキメキ☆成均館《ソンギュンガン》スキャンダル」「猟奇的な彼女」等）など、大手制作会社の有利にしか事が運ばなくなるのは、韓国ドラマ業界全体を考えれば良くない傾向だろう。

3 「推し活」先進国・韓国

ファンの中心にいる「マスター」

自分の好きなアイドルやアーティスト、俳優などを「推《お》し」と言う。私の周りには、韓国人アーティストや俳優を応援する「推し活」に熱心な友人が大勢いる。

「推し活でちょっとソウルへ行くよ」

「二日連続で公演チケットを取っちゃったんだ」

そんな会話がグループチャットでよく流れてくる。みんな仕事で忙しいのに、その熱量にはいつも圧倒される。「推し活」が仕事のエネルギー源になっているのだろう。

韓国の「推し活」には、日本と大きく異なる点がある。まず、韓国スターのファンの中には「マスター」という、ファン中のファンがいるのだ。スターに付いてまわって写真や動画を撮り、SNSを通じてファンに共有し、ファン同士の交流の場を提供する重要な役割を果たしている。

そんな人たちのことを「ホムマ／ホームマスター」などと呼ぶこともある。SNSが発達していなかった時代は、自分が作ったホームページに写真をアップして活動していたので、「ホームページ」と「マスター」を組み合わせてそう呼ばれていた。その名残《なごり》でいまもそのまま呼ばれている。

昔は趣味のひとつとして、好きな時間に撮影し、写真をアップしていたのだろう。だが、いまやSNSで次から次へといろんな写真が上がってくるから、マスターもおちおちしていられない。どんどん新しい写真を撮って、自分の地位と名誉を守らなくてはならない。

驚くべきことに、マスターが撮った写真はダイアリーやフォトカードとして販売されることもある。日本では、アイドルの写真を撮って勝手にアップしたりグッズ化したりする行為は禁じられている。肖像権の侵害になるからだ。しかし韓国では、高画質のきれいな写真が広く出回れば、アイドルの認知度が高まるし宣伝にもなる、という理由から黙認されている。もちろん問題になることもあるので、グレーゾーンではあるけれど。

アイドルが所属する事務所が中小のプロダクションの場合は、マスターの影響が特に大きくなる。プロダクションがイベントに招待したり、ファンクラブで特別待遇にしたりと、活動支援まで行っているのが実態だ。女性アイドルグループのCRAYON POPやEXIDなどが人気を得たのは、マスターの影響が大きいと言われている。

アイドルたちも、自分のマスターの存在を知っている。ステージで踊りながらマスターのカメラに視線をやることもあるし、自分のマスターが他のメンバーを撮ったらムッとしてみせる。アイドルにも一目置かれる存在なのだ。

そのために、ファンの中で序列が付けられて内部分裂につながることもあるから、諸刃《もろは》の剣《つるぎ》ではある。ファンクラブの中には、マスターを応援するファンもいるのだ。

大きすぎる「推し活」の負担

それならば、いっそのこと自分がマスターになればいい？　話はそう簡単ではない。前述したとおり、もはや趣味で活動できるような次元ではなく、仕事のように専門的にやらなくてはファンを満足させられないからだ。

よって、一〇代ではまずマスターになれない。会社員が仕事をしながら活動するのもなかなか難しいだろう。では、時間があればいいのかというとそれも違う。お金がかかるからだ。カメラも一眼レフを用意しなくてはならないし、高級な望遠レンズが必要なのにレンタルでも一〇〇万ウォン（約一一万円）くらいのデポジットを渡さなくては借りられない。

何より出張費の負担が大きい。追いかける対象がスターともなれば、ソウルだけでなく地方や海外にも行くことになる。交通費やホテル代も馬鹿にならない。語学力や交渉力も必要だ。撮った写真をフォトショップで加工するソフトの代金や、ソフトを使いこなす能力も必要になる。ファンが満足できる立派な写真でなくてはならない。

これだけのハードルを飛び越えたところで、金儲けにはならず、周囲から「あの人がマスターだ」という認知を得られるだけだ。「人々の羨望《せんぼう》を集めたい」という理由だけでマスターをやるには、あまりにもリスクが大きすぎる気がする。

最近は韓国人にとどまらず、中国人、日本人、タイ人などのマスターも増えているようだ。特に中国人のマスターは、留学生として韓国に来ているケースが多い。

より興味深いのは、Kポップが世界中で広がるにつれ、マスター文化も韓国から他国にまで広がっていることだ。

二〇二三年の冬、私は字幕翻訳者たちとの合宿でタイのバンコクへ行った。あるデパートに行ったら、ものすごい人だかりから、きゃあきゃあと女性たちの黄色い声が聞こえてきた。どんなスターがいるのかと懸命に背伸びすると、それらしき人物が見えたので、私は人々の垣根の後ろから手を高く上げ、スマホで写真を撮ることに成功した。そのとき友人が「見て、あそこにマスターさんがいる」と指をさして教えてくれた。マスターと思《おぼ》しきファンは、写真家のように立派な望遠レンズの付いた一眼レフを持っていた。

「ほら、あっちにもマスターさんがいる。これだけマスターさんが来ているってことはかなり大物だね」

私は撮った写真を友人たちに送り、「この方は誰？」と訊いたら、有名な俳優だった（残念ながらタイの俳優の名前は覚えにくく、失念してしまった）。日本でも同じようにマスター文化が広がる日が来るかもしれない。

世界に広がる韓国のファン文化

「美女と純情男」(二〇二四年)というドラマがある。ストーリーは次のとおりだ。

幼いドラは、大家の息子で高校生のデチュンが好きになる。しかし、事情があってドラはデチュンに挨拶もできないまま引っ越すことに。月日が経ち、大人になった二人は、トップ女優と新人プロデューサーという立場で再会する。

物語はそこから二転三転するのだが、この作品にはドラマの収録現場のシーンが何度も出てきて興味深い。例えば、ドラに思いを寄せる金持ちの息子ジンダンが、ドラの気を引くためにあれこれプレゼント攻勢を仕掛けるのだが、現場にケータリングサービスを送るシーンなどは、これぞ韓国のファン文化だと思い、見入ってしまった。

そう、韓国では、ファンが「推し」のために、撮影現場にキッチンカーやコーヒーカーを送ることが珍しくないのだ。ほとんどの場合は、マスターがファンからお金を集めて差し入れする。個人でもできないことはないが、「推し」のスケジュールを確認し、関係者一同の許可を取り、業者に連絡し、現場に設置するタペストリーやのぼり旗、看板などの写真を用意しなくてはならないので、やはりマスターでないとハードルは高い。

こうしてみると、韓国のファンは日本のファンよりもずっと力を持っていると言えそうだ。男性アイドルグループＢＴＳは「ＡＲＭＹ」、Ｓｔｒａｙ Ｋｉｄｓは「ＳＴＡＹ」、ＡＳＴＲＯは「ＡＲＯＨＡ」など、ファンクラブにそれぞれ名前が付いていて、その絆の深さが感じられるのもいい。最近は日本のアイドルグループにも似たような文化が定着しつつあるが、韓国アイドルの影響があるのではないだろうか。

韓国のアイドルファンたちは、ライブで自分たちの作ったサプライズ動画を流したり、誕生日《センイル》に大きな広告を出したり（センイル広告）、「推し」の誕生日を祝うファン同士の交流会を開いたり（センイルカフェ）と、「推し」のために最大限の努力をする。もちろん、これらを取りしきるのもマスターだ。

ただ応援するだけでなく、「推し」の評判を上げようと努力する点が特徴だ。

例えば、撮影現場にキッチンカーやコーヒーカーを用意すれば、共演者やスタッフが「推し」に感謝してくれる。世間的にも、自分の「推し」にはこれだけのすばらしいファンがいるとアピールできる。典型的な例が「米花輪《こめはなわ》」だ。ファンたちはコンサートや制作発表会など、「推し」のイベントに花輪とともに大量のお米を贈る。このお米はイベント終了後、児童福祉施設などに寄付されて恵まれない人の役に立ち、「推し」本人の顔も立つ。マスターたるもの、そこまで考えなくては務まらない。

ファンたちが、「推し」の誕生日に「推し」の名前で寄付する様子もよく見られる。BTSジミンのファンは、ジミンの母校の高校に奨学金一〇〇〇万ウォン(約一一〇万円)を寄付し、GOT7ジニョンのファンは白血病の児童財団に寄付をした。バースデイプロジェクトと称して、みんなで街のゴミ拾いをしたり、病院に車椅子を寄付したりする話もよく聞く。いずれも「推し」本人を喜ばせるだけでなく、本人のすばらしさを世間にアピールする行為だ。ファンの行動で、「推し」が人徳を備えていることを暗に示している。

そういえば、タイのドラマコンテンツに関わっている友人が、最近はタイのロケ現場でもキッチンカーの差し入れが入ると言っていた。タイにはもともとなかった文化だ。いまや韓国式のファン文化は全世界に広がりつつある。

4 字幕翻訳という仕事

今日も締め切りに追われて

ドラマや映画の字幕翻訳を始めてから二〇年以上たつ。

初めて付けた字幕はペ・ヨンジュン主演の「愛の群像」（一九九九年）だった。ブームになった「冬のソナタ」（二〇〇二年）より前に制作されたドラマだ。

一九九〇年代は、まだ電話線でインターネット回線につないでいた時代である。テレビ局でプロデューサーから渡されたビデオテープを持ち帰り、家のビデオデッキに差し込む。再生したり止めたり巻き戻したりしながら、ワードに字幕を書き込んでいった。

その後も「ひまわり」（一九九八年）、「日差しに向かって」（一九九九年）など、いくつものドラマに字幕を付けた。ドラマを見ながらお金をもらえるとは、なんてすばらしい仕事なんだと思った。あのころは、素材をもらってから納品までたっぷり時間があった。余裕があるから訳をしっかり練り込んで、丁寧に仕上げることができた。

時代は変わり、いまはスピード重視だ。翻訳者は、映像や台本などの素材をメールで受け取り、パソコンの字幕ソフトを立ち上げ、映像にかぶせて字幕を作り、メールで納品する。最初から最後まで一度もクライアントに会うことなく仕事を終える。地上波、衛星放送、ＯＴＴ、劇場など、どこで流すかによって納品までの期間は異なるが、いずれにしてもゆっくり作っている時間はない。

特に日韓同時配信や世界同時配信のときは、映像が手元に届いてから納品まで数日しかないことも珍しくない。ドラマ作品ではなかったが「四八時間でお願いしたい」と連絡が来たこともある。だから、ひとつのドラマにひとりでは対応しきれない。

韓国ドラマには大きく分けて二種類ある。「イルイル(日日)ドラマ」と「ミニシリーズ」だ。前者は平日に毎日放送される三五分前後のドラマで、後者は週二回の放送で七〇分前後、合計一六話のドラマが多い。

OTTで流れる同時配信のドラマはミニシリーズが多く、週に二本の映像がほぼ同時に送られてくる。つまり、数日で二本を訳さなければならないのだ。さすがにそれはきついので、共訳者と手分けすることになる。

たいていの場合、話数を奇数偶数で分けて二人で訳す。超特急の場合や、翻訳者の都合がつかない場合などは、それが三人、四人……と増えていく。ドラマの最後に出てくるクレジットが話数ごとに違う場合は、そういう事情がある。「ああ、これはかなり急いで翻訳したんだな」と察しを付けてほしい。

字幕翻訳あるある

字幕翻訳はそう簡単な仕事ではない。

まず、本国で放送をすでに終えているドラマでない限り、常にドラマ制作と翻訳作業が並行するため、翻訳者にもストーリーの展開が読めないという問題がある。そのため、訳しながら戸惑《とまど》うことも少なくない。曖昧《あいまい》なセリフが出てきたときに「このセリフはこの意味で正しいのだろうか」と悩むこともあるし、その解釈があとになって微妙にずれていることもある。すでに放送されてしまったものは修正できないので、苦しまぎれに、なんとかつじつまを合わせるしかない。

こんなことがあった。ある登場人物が、最初は継母を母親だと認めたくなくて「아줌마《アジュマ》」と呼ぶのだが、次第に心が通い合い、「새엄마《セオンマ》」と呼ぶようになる。私は「アジュマ」を「おばさん」、「セオンマ」を「お母さん」と訳した。

しかし、それで終わりではなかった。出世魚のように、親密さの度合いによって呼び方が変わった。なんと最終的に「어머니《オモニ》」と呼ぶようになったのだ。「セオンマ」を「お義《か》母《あ》さん」と訳せばよかったな、と後悔し、「お母さん」よりも親しみのある言葉を考えた末、苦し紛れに「母さん」と訳を入れた。面白さが全然伝わっていない！　どこかの放送局で昔一度流れただけのドラマだから、きっともう残っていないはずだ。よかった。私の黒歴史だ。

それに比べて、動画配信はインターネット上に残ってしまう。視聴者が何度でも自由に見られるから、ミスをしたら気づかれてしまうが、よほどの致命的なミスでないかぎりは修正がきかない。「こっちの訳にすればよかった」と後悔しても、あとの祭りだ。

翻訳者の立場で、字幕を付けるドラマを自由に選ぶことはできない。だから、クライアントから渡されたときに「うわあ、このドラマ、訳せるかなあ」と不安になることがある。印象深いのは、女性アイドルグループＡＦＴＥＲＳＣＨＯＯＬのユイが初主演を果たしたドラマ「バーディーバディ」（二〇一一年）だ。

プロゴルファーを目指す少女の青春サクセスストーリーだが、問題は、私にはゴルフ用語がさっぱり分からなかったことだ。ルールもゴルフクラブの名前も知らない。ひとつずつネットで調べながら、韓国の用語が日本のどの用語に当たるのか、迷いながら訳した。ドラマ「弁護士の資格～改過遷善」（二〇一四年）を訳したときは、脳みそが沸騰《ふっとう》するほどつらかった。企業弁護士の話だから、法律用語と経済用語のオンパレード。単語やその背景を調べるのに時間がかかって、週に二本の納品が間に合わない。クライアントに泣きついたら、「韓ドラなので、そのうち軽いラブストーリーに変わってくると思いますよ」と言われた。だが、いつまでたっても重厚モードは変わらない。仕方なくヘルプの翻訳者を入れてもらった。

共訳するケースが多いと前述したが、二話分の翻訳に一週間程度の余裕をくれる場合はだいたいひとりで訳す。共訳するよりも整合性が取れるからだ。

翻訳だけやるのではなく、実はその前にスポッティングという作業がある。セリフが表示されるタイミングを指定するハコ切り作業だ。セリフが増えると当然ハコも増える。六〇分のドラマでハコが一〇〇〇を超えると、もう大変だ。「もう話さないで」と泣きながらハコを切っている。

字幕翻訳はつらいよ

字幕翻訳者は一日中、パソコンとにらめっこの孤独な作業だ。そのため、情報交換と孤独を慰《なぐさ》め合う目的を兼ねて、SNSは欠かすことのできないツールになっている。

X（旧ツイッター）などで自分が担当したドラマのエゴサーチをして、視聴者の字幕に対する反応を見る作業は欠かせない。字幕がよかった、と書かれるとうれしくなるし、叩かれると落ち込む。翻訳者も人間だから当然だろう。

的外れの意見を見つけてしまったときは苦しい。

「この単語が字幕に入っていない」

「俳優の言っていることが全部訳されていない」

そんな書き込みを見ると、悔しくなる。字幕は一秒四文字というルールがあり、原音をそのまま入れることはほぼ不可能だ。だから意訳をする。すると「なんで直訳で入れてくれないの」とクレームが付く。クライアントとの契約があって、訳した本人が反論を書き込めないから、誰かが叩かれたときは、仲間で一丸となって擁護のコメントを書き込む。

解釈の間違いを突っ込まれてイヤな思いをすることもある。もちろん、その突っ込みが正しいこともある。しかし、原音を聞いて練った末にその訳になることが多い。

字幕は翻訳者ひとりで完成させているわけではない。納品後、何人もの監修者が、内容が合っているか、誤字脱字はないかなど、細かい確認を重ねているのだ。差別用語や放送禁止用語、使ったらクレームが来そうな言葉は使わない。難しい言葉や、場合によっては四字熟語も、誰にでも分かる平易な言い回しに変更しろと要求される。

監修者との確認作業が終わっても、最終的にはエンドクライアントの承諾を得なければ公開できない。細かな確認が何度も入る面倒な作業を経てから、やっと一話のドラマを完成させることができるのだ。

二〇一九年ごろから「英語力ゼロでも翻訳家になれる」という怪しい講座がネット上に現れるようになった。「AI（人工知能）に翻訳を任せれば、英語力ゼロでも即収入が得られる」と謳《うた》っていて、「詐欺まがいの講座」だとして、日本翻訳者協会（JAT）をはじめとする翻訳関連四団体から注意喚起が出ている。約五〇万円もの大金を払って入会した人も多く、翻訳業の人気の高さがうかがえる。

二〇二四年六月には、なんと韓国語にも進出してきたから驚いた。「韓国語に触れたことがなくても六か月で翻訳できる」「韓国ドラマの翻訳プロジェクトで成功を収められました」という嘘がちりばめられていた。このサイトは、翻訳者をはじめサイトを見た人々が「詐欺まがい」だと広めたため、数日後に消滅した。

そういえば最近、へんてこな日本語字幕を見かける機会も増えてきた。おそらくAIに翻訳を丸投げしているのだと思われる。AI翻訳の可能性はあると思うが、微妙なニュアンスのない字幕では、ドラマの面白みが伝わることはないだろう。

第2章

金は天下に回らない
——財閥と韓国

1　韓国人の日常を支配する財閥

韓国社会にとっての財閥とは

韓国の財閥は韓国語で「재벌《チェボル》」、英語で「chaebol」と言い、「財閥」という漢字をそのまま使う。ただの大企業ではなく、トップに総帥《そうすい》を置き、一族が中心となって経営する大企業の複合体を指す。戦前の日本に三菱、三井、住友、安田の四大財閥があったように、韓国にもサムスン、現代《ヒョンデ》、SK、LG、ロッテなど多くの財閥があり、日本と違って解体されることもなく、韓国社会に大きな影響力を及ぼし続けている。

韓国で暮らしていると、財閥のサービスや製品とは無縁ではいられない。自宅ではサムスンのテレビでドラマを見て、LG製の洗濯機などの家電やパソコンを使う。外出先ではGS25（GS系）やセブンイレブン（ロッテ系）などのコンビニにお世話になるし、スターバックス（新世界《シンセゲ》、サムスン系）でコーヒーを飲み、現代の車に乗って、SKやLGの移動体通信を使う。日本では「ナッツ姫」で知られる大韓航空も、宅配便を届けてくれる物流大手の韓進《ハンジン》宅配も、韓進グループの会社だ。

大袈裟《おおげさ》な言い方をすると、韓国人の日常は財閥に支配されていると言える。だから、ドラマの中に財閥が出てきてもなんら違和感がない。「愛の不時着」(二〇一九年)、「梨泰院《イテウォン》クラス」(二〇二〇年)、「キング・ザ・ランド」(二〇二三年)、「マイ・デーモン」(二〇二三年)、「涙の女王」(二〇二四年)など、財閥が出てくるドラマを挙げていけばきりがなく、いずれも人気作品となっている。

社会に浸透する見えない序列

韓国の人々の意識の中には、社会的序列が存在する。大卒の人と高卒の人。大学を出ているならソウルの大学か、地方の大学かで区分する。アパート(日本でいう高層マンション)に住む人と丘の上の屋根部屋に住む人、ソウルに住む人と郊外に住む人、自家用車を持つ人と持たない人。自家用車を持っていたとしたら、ベンツやアウディなどの外国高級車なのか、国産の普通のセダンなのか。

日本であれば、これらはその人が自分の意思で決めた選択だと受け止める。住む場所も勤める企業も、本人なりの理想や考えに基づく選択だと理解し、そこから社会階層を決めつけたりはしない(そういう人が皆無だとは言わないが)。私が知る日本の大企業の社長は車を所有していなかった。東京に住んでいれば車は必要ないからだ。

韓国の場合、こうしたことはすべて自分の選択ではなく、「それしか選択できなかったのだ」とみなされる。腹の内で勝手に社会的序列を推測し、それを相手に当てはめるのだ。だから、初めて会ったときには相手の情報を少しずつ聞き出して、その人が社会的にどの階級に属しているのかを探る。

私は仕事上、富裕層の多い江南《カンナム》エリアに住んでいるが、そう言うとみんなが勝手にイメージを膨らませてくれる。韓国は住んでいる地域で階級が決まってしまうような社会だ。車を持っていないのも、持たないのではなく持てないからだ、とみなされる。韓国人、とくにいまの四〇代以上はメンツを気にするので、車種にもこだわる人が多い。

職業にも見えない序列がある。力仕事をする労働者や食堂のおばさん、ゴミ収集をする公務員などは低く見られがちだ。朝鮮時代、両班《ヤンバン》（貴族）は一日中、書物を読んで学問に励《はげ》んでいた。その名残《なごり》で、体を使って働くことを下に見る傾向があるようだ。言うまでもないが、エッセンシャルワーカーと呼ばれる人たちがいなければ、社会は回らないのに。

韓国では、親の職業も序列付けに重要な要素だ。親の職業が立派なら、それだけで認められる。親が経営者なら、その座と遺産を継ぐだろうと思われて、結婚にも有利に作用する。

韓国では「土のスプーン、銅のスプーン、銀のスプーン、金のスプーン」という表現がよく使われる。イギリスのことわざ「Born with a silver spoon in his mouth」（銀のスプーンをくわえて生まれてくる）は、裕福な家に生まれるという意味だが、韓国ではさらに序列付けが加わるのだ。おおよその資産で分けると、土のスプーンは資産五〇〇〇万ウォン（約五五〇万円）、銅のスプーンは資産五億ウォン（約五五〇〇万円）、銀のスプーンは資産一〇億ウォン（約一・一億円）、金のスプーンは資産二〇億ウォン（約二・二億円）。そして、ダイヤモンドのスプーンと呼ばれるのが財閥だ。

韓国人にとって財閥は憧れの対象だ。自分とは縁のない世界だけど、もしあの世界の一員だったらどんなにいいだろうか、と想像する。反面、特権と富のある家に生まれ、そのまま受け継ぐ財閥の子どもたちを見て、人々は嫉妬《しっと》まじりに不公平だと批判を強める。韓国人にとっての財閥は、愛憎相半ばするような存在なのである。

世襲に対する不満

ウェブ小説を原作としたドラマ「財閥家の末息子」（二〇二二年）は、同年にミニシリーズとして最高視聴率を記録した「ウ・ヨンウ弁護士は天才肌」（視聴率一七・五％）を抜き、一位（二六・九％）になった。

「土のスプーン」として生まれた主人公ユン・ヒョンウは、一三年間も忠誠を尽くしてきた財閥一家に切り捨てられ、殺されてしまう。しかしどういうわけか、目を覚ますと一九八〇年代にタイムスリップしたばかりか、その財閥家の末息子チン・ドジュンに生まれ変わっていた。主人公は二度目の人生を生きて財閥一家に復讐《ふくしゅう》を果たす、というストーリーだ。

このドラマは、財閥の世襲経営を暗に批判している。韓国では「출신성분《チュルシンソンブン》（出身成分）」と表現されるが、どんな家に生まれるかで暗黙のうちに階級が決まってしまい、その地位を覆《くつがえ》すのは難しいという考えが強い。そのため、両親が最大のスペック（属性）となるのだ。

現在の日本に財閥はないが、それに匹敵するほどの大金持ちは多い。しかし、ひと握りの資産家に対してあからさまに敵対心を持つ人や嫉妬する人は、韓国ほど多くないように見受けられる。多くの日本人は中流階級という意識があって、資産家ではなくてもそれなりに豊かな生活が送れて、満足だという自覚があるからだろう。べつに超高層マンションに住まなくてもいいし、苦労して税金対策をしてまでお金持ちにならなくて構わない。そういうモチベーションがないから、嫉妬しないとも言える。

それに対して、韓国の「土のスプーン」と「ダイヤモンドのスプーン」は格差が大きすぎる。加えて、韓国の成人の六割は努力しても社会階級の移動は難しいと考えていて、自身が属する階級についても低く見積もる傾向にある（韓国統計庁「二〇二一年社会調査」）。したがって、財閥に向けられる敵対心も嫉妬心も自然と強くなる。

とはいえ、韓国の一般国民は財閥に対して不満を抱えつつも、財閥があるからこそ韓国のいまがあるという意識もある。

先日ハワイへ行ったときのこと。韓国人の友人がホノルルの街を走る車を見ながら「これも日本車」「あれも日本車」と、車のことをずっと気にしていた。そして時々「あっ、あれは現代自動車だ」と喜ぶ。あまりにも何度も言うから「韓国の車が走っているのがそんなにうれしい？」と訊《き》くと、「日本車が多いなかで韓国車も健闘していると思うと自慢」と答えた。財閥のおかげで韓国人としてのプライドを保てる部分もあるようだ。

韓国ドラマを見ていると、荒唐《こうとう》無稽《むけい》にも思える財閥子女とのロマンスや、財閥が庶民を虫けら扱いするようなストーリーが頻繁にあり、多くの日本人は当惑するのではないだろうか。韓国人にとって、財閥は胸中に複雑な感情を抱かせる存在だから、ドラマでも格好の舞台装置になるのだ。

2　住む地域で階級がわかる

庶民の住宅事情

韓国の住居形態は実にさまざまだ。一戸建ての人もいれば、高級マンションに住む人もいるし、ヴィラ（低層マンション）、オフィステル（都心のワンルーム）、屋根部屋、考試院《コシウォン》（考試テル、学生用ワンルーム）、バラックなどもある。

日本がそうであるように、韓国も社会階級や収入によって居住環境が違う。ここからは、ドラマでもよく描かれる韓国の住宅事情から、この国の経済格差を可視化してみよう。

「지《チ》옥《オク》고《コ》」という言葉がある。「チ」は半地下部屋（パンチハ）、「オク」は屋根部屋（オクタッパン）、「コ」は考試院（コシウォン）を指す。つまり、チオクコは厳しい住居をまとめた言葉で、青年層や低所得層が主に住む場所となっている。

この三つのなかで、ドラマによく使われるのは「屋根部屋」だろう。ドラマ「屋根部屋のネコ」（二〇〇三年）、「屋根部屋のプリンス」（二〇一二年）など、タイトルにも採用されている。

屋根部屋とは、ヴィラなどの屋上に造られた簡易住居だ。環境はあまり良くない。夏は直射日光が当たって暑いし、冬はとても冷える。ただし二〇一〇年以降に造られたものは新築のワンルームと大差なく、むしろワンルームよりも家賃や保証金が高いくらいだ。屋上でサムギョプサル（豚バラ焼肉）を焼きながら、みんなでわいわいやれそうなので、私は少し憧れている。

「半地下」は映画『パラサイト　半地下の家族』（二〇一九年）に出てから日本では知られるようになった。半地下が造られたのは歴史的な事情がある。パク・チョンヒ（朴正煕）政権下の一九六八年、韓国では「一・二一事件」が起きた。北朝鮮の特殊部隊三一人がパク・チョンヒの首を取るために軍事境界線を越えてソウルに侵入し、青瓦台《せいがだい》（大統領府）に突入しようとしたのだ。

このとき南北間の緊張が高まり、再び戦争になるおそれがあった。政府はソウル市民三五〇〇万人を避難させるための地下シェルターを建設する計画を発表。一九七〇年、パク・チョンヒ政権は建築法を改正し、人口二〇〇万人以上の都市では延《の》べ面積二〇〇㎡以上の建物に地下室を設置することを義務化した。こうして防空壕《ぼうくうごう》として使用できる地下室が多く作られるようになり、そのまま現在に至る。

以上のように、半地下はもともと住居用として建設されていないため、ほとんどが住むのに適さない。一五年くらい前、友人が住んでいた古い建物の半地下に行ってみたら、『パラサイト』に出てくる現場そのもので衝撃を受けた。日が当たらないので湿気が多く、部屋はカビ臭い。窓を開けると道路を見上げる形になる。誰かが放尿でもしようものなら、そのにおいが入ってきて最悪だ。

最後に考試院だが、これはもともと司法試験や公務員試験を受ける人たちが、安くて必要最低限の衣食住を満たすために造られた空間だ。大学街や新林《シンリム》、鷺梁津《ノリャンジン》などの学院（予備校）街に多い。いまはそういう試験を受ける人もそれほど貧しくないため、劣悪な環境に住む必要もなくなり、職のない青年たちが多く住んでいる。

知人が弘大《ホンデ》の考試院に住んでいるので見に行ったことがある。地下にあるため、狭くて臭くて湿気も多かった。最近は「考試テル」「ワンルームテル」のように名前を変えてイメージアップを図っている所も多いが、中身はどれも同じだ（「テル」はホテルから来ている）。四畳半に机とベッドだけが置かれた部屋に長くは住めないだろう。シャワーとトイレ付きの少し高価な部屋もあるが、それとて狭すぎて苦しい。ただし、保証金も家賃も五〇万ウォン（約五・五万円）くらいと激安だ。

富裕層のエリアに住んでいても、このような「チオクコ」に住む人たちは大勢いる。韓国ドラマを鑑賞する際には、登場人物がどんな家に住んでいるかを見ると、より作品が深く楽しめるだろう。

財閥の邸宅事情

一方、財閥は一戸建ての住宅に住むことが多い。それも同じエリアに集まって暮らす。五大財閥であるサムスン、SK、LG、現代、ロッテの会長をはじめとして、多くの財閥が漢南洞《ハンナムドン》に住んでいる。日本人にとっては、梨泰院の辺りといえば分かりやすいだろうか。

韓国で一番高い一戸建ては、新世界会長イ・ミョンヒの龍山区《ヨンサン》にある住宅で、二九五億三〇〇〇万ウォン（約三二・五億円）と七年連続の一位。この街にはBTSのメンバーやBLACKPINKのジェニー、PSY（サイ）のような有名芸能人も暮らしている。BIGBANGのG-DRAGONも、この街にある高級マンションのペントハウスを一六四億ウォン（約一八億円）で購入したと話題になった。

韓国の伝統的な富裕層の街といえば、景福宮《キョンボックン》からさらに北に位置する城北洞《ソンブクトン》や平倉洞《ピョンチャンドン》だ。韓国ドラマでよく見る、高い塀《へい》がずっと続く財閥の屋敷をイメージするといい。そんな大きな邸宅ばかりがたくさん集まっている街だ。なかでも有名なのが城北洞三三〇番地の一帯。現代一家の所有する住宅が集まっているうえ、GS、韓進、斗山《トゥサン》、教保《キョボ》文庫、南陽《ナムヤン》乳業など、大企業の総帥や家族が大勢住んでいる。

財閥家に生まれた者同士は、同じ地域や学校の出身であることが多く、姻戚《いんせき》関係にあることも少なくない。また政界やメディア産業など、社会の中枢《ちゅうすう》を担う役割の人たちも同じ住宅地の出身が多く、財閥と密接な関係を形成している。そのため、一度作られた富裕層ばかりが集まる街では、土地の値段が上がろうが下がろうが、人脈を維持するために代々そこに住み続ける。つまり、お金があれば誰でも入り込める単純な社会ではないのだ。

3 国民を魅了する財閥子女たち

韓国トップの財閥に生まれて

韓国人にとって財閥は特別な存在で、その御曹子《おんぞうし》や令嬢は「財閥〇世」と呼ばれる。ヒルトンホテルの創業者一族として生まれたパリス・ヒルトンはお騒がせセレブとして有名だが、韓国の財閥四世たちは、最近、憧れの対象としてスターのような人気を集めている。あまり日本では知られていないが、韓国国民に大人気の財閥子女たちを紹介しよう。

サムスングループの会長イ・ジェヨンの娘ウォンジュ（財閥四世）は、二〇〇四年にニューヨークで生まれた。アメリカと韓国、両方の国籍を持つ。

父親イ・ジェヨンはサムスンの経営権継承問題をめぐり、パク・クネ（朴槿恵）大統領（当時）の知人へ賄賂《わいろ》を提供したとして贈賄罪、グループ傘下企業の不当な合併を指示・承認したとして資本市場法違反の罪などに問われた（二〇二一年無罪確定）。それをきっかけに、二〇二〇年、ジェヨンは会長に就任する前に「（自分の）子どもたちに経営権を譲らない」と宣言した。財閥としては異例の声明だった。これにより、ウォンジュはサムスンに縛られることなく、自由に活動できるようになった。サムスンの会長にはならなくても財産は受け継げるので、経済的には困らない。

サムスンは韓国の財閥ランキングトップで、保有する資産総額は四八六兆ウォン（二〇二二年末時点。約五三・五兆円）。昔は「サムソン」や「三星」と表記されていたが、一九九八年の日本法人統合化に伴い、「サムスン」と表記を統一した。ちなみに、実際の発音は「サムスン」よりも「サムソン」に近い。サムスン会長としてカリスマ性を放ち、グループをさらに大きくしたイ・ゴンヒの跡《あと》を継いだのが、長男のイ・ジェヨンだ。長女イ・ブジンはホテル新羅《シルラ》、次女イ・ソヒョンはサムスン福祉財団を受け継いだ。

さて、父親のイ・ジェヨンに似て愛くるしい顔をしているウォンジュは、いまや国民的アイドルのような存在だ。「サムスン家の公主（姫）」と呼ばれ、王室や皇室のない韓国では、日本における佳子《かこ》さまのような人気を誇る。

K-POPが好きなウォンジュは、幼少時代からバレエを習い、舞台にも上がった。中学までをソウルで過ごし、その後、アメリカの高校チョート・ローズマリー・ホールに通う。ここはアメリカでも名門の中学高等学校で、一年の学費が六〇万ドル（約九〇〇〇万円）と高額だ。ジョン・F・ケネディ元大統領や、トランプ元大統領の娘イヴァンカ・トランプ、俳優マイケル・ダグラスなどの著名人を輩出した。

ここで開かれたパーティーでの写真が韓国中で話題になった。美しい女子八人が並んでいる。写っていたのは、インドネシアの大手たばこメーカー「グダン・ガラム」会長の孫娘、中国の「百度《バイドゥ》」会長ロビン・リーの三女、アメリカの大手製薬会社「ファイザー」CEOアルバート・ブーラの孫娘など、セレブばかりだった。この黄金の人脈は本人にはもちろん、サムスンにとってもプラスに働くだろう。

ウォンジュの母イム・セリョン（大象《テサン》ホールディング副会長）は、二〇〇九年にイ・ジェヨンと離婚し、その後、俳優イ・ジョンジェ（ドラマ「イカゲーム」の主役）と交際している。娘のウォンジュも芸能界に友人が多いとされ、ガールズグループBLACKPINKのロゼと仲良く話す写真も話題になった。

ウォンジュは現在、シカゴ大学に在学中で、二〇二四年前半は、アメリカのNGO（非政府組織）シモンズ・センターでインターンとして働いていた。父イ・ジェヨンが、ソウル大学を卒業した一九九一年にサムスンに入社し、後継者の道を歩んできたのとは対照的だ。

生まれて一度もお金の心配をしたことがないウォンジュ。しかし、ウォンジュのSNSで公開された日常は、想像していたほど贅沢《ぜいたく》なものではなかった。身に着けていたのは三万ウォン（約三三〇〇円）のパーカーや八万ウォン（約八八〇〇円）の靴。ドラマに出てくる財閥たちは、数百万ウォンもしそうな高価な服を着ているので、そのギャップに驚いた人は多い。そうした気取らない姿も国民を魅了する理由だろう。

努力を惜しまないロールモデル

DLグループオーナー一家のイ・ジュヨン（財閥四世）は、ファッションインフルエンサーだ。インスタグラムで一三万人、ユーチューブで五万人ものフォロワーを抱えている。

「ＤＬグループ」という名前は聞き慣れないかもしれないが、これは二〇二一年に名称を変更したからだ。それまでは大林《テリム》グループと呼ばれていた。ＤＬは「ＤａｅＬｉｍ（テリム）」の略称で、いまでも系列会社のなかに「テリム」の名が残っている。

ＤＬは財閥ランキング一八位で、資産総額は二六兆ウォン（二〇二二年末時点。約二・九兆円）。総合建設業を母体に成長した企業だけあって、「e편한세상《ピョナンセサン》（安らかな世の中）」というブランドのマンションに定評がある。ベトナム戦争の特需で急成長した企業で、エンジニアリング、貿易、金融、製造など、現在、多方面にわたってその影響力を誇示している。

ＤＬグループ会長の弟の孫で、二〇〇〇年生まれのイ・ジュヨンは、ワシントンＤＣにあるジョージタウン大学で国際経営学とマーケティングを学んでいる。ＳＮＳで積極的に公開しているファッションやラグジュアリーなライフスタイルは、若者たちの憧れだ。ガールズグループＩＶＥ（アイヴ）のウォニョンと仲がいいことでも話題を集めた。

二〇二四年、そんなきらびやかな生活の陰で、彼女が必死に勉強していたことが明らかになった。ジュヨンは自身のインスタグラムで「この一年間、韓国で華やかなインフルエンサーライフを楽しんでいるように見えたでしょうけど、実は時間に追われて、朝まで試験勉強やロー・スクールの受験勉強を並行していて忙しかったんです。努力が報《むく》われてジョージタウン大学のロー・センターに合格し、奨学金をもらえることになりました」と書いたのだ。

ジョージタウン大学のロー・センターといえば、一八七〇年に設立された名門校で、ジェローム・パウエル米連邦準備制度理事会議長やドナルド・トランプ元大統領の次女ティファニーなど、政財界にも卒業生が多い。

雑誌「VOGUE KOREA」でインターンエディターとして働いたり、SNSで企業PR案件を受けたりと、恵まれた財閥四世としてキラキラした毎日を送っているようで、必死に猛勉強していたジュヨン。そのギャップに魅了される若者が続出した。

財閥からポップスターを目指して

二〇〇二年生まれのムン・ソユンは、新世界グループオーナー一家に生まれた財閥四世だ。新世界会長イ・ミョンヒの孫で、社長チョン・ユギョンの娘にあたる。

新世界グループは、新世界百貨店やイーマート、新世界建設、新世界フードなどの系列会社を持つ。財閥ランキング一一位で、資産総額は六〇兆ウォン（二〇二二年末時点。約六・

六兆円)。スターバックスコリアや朝鮮ホテルなどは、日本人にも聞き慣れた名前かもしれない。

新世界も元をたどればサムスンだ。サムスンの創業者イ・ビョンチョルには八人の子どもがいて、娘や息子に企業をひとつずつ譲り渡した。長女インヒにハンソル、長男メンヒにCJ、次男チャンヒにセハン、三男ゴンヒにサムスン、五女ミョンヒに新世界。よって、この五つの財閥は親戚関係にあたる。

ムン・ソユンは、アメリカの名門コロンビア大学を卒業した才媛だ。やはりインスタグラムでファッションや日常を公開し、一〇万人のフォロワーを持つ。

そんな彼女が韓国で大きな話題となったのは、「THE BLACK LABEL」からデビューするガールズグループの一員になるかもしれないと言われてからだ。

「THE BLACK LABEL」はヒップホップグループ「1TYM(ワンタイム)」のパク・テディが率《ひき》いる芸能事務所。テディはアメリカ系韓国人で、二〇〇六年から二〇二〇年までYGエンターテインメントのメインプロデューサーとして活動し、BIGBANGや2NE1(トゥエニィワン)、BLACKPINKなどをプロデュースしてきた。二〇一五年、YGの傘下に「THE BLACK LABEL」を設立し、代表として活動している。

ここからガールズグループの一員としてデビューできれば、大きな成功を収めるに違いない。歌謡界で初めて財閥の子女がデビューするかもしれないとあって、大きな関心を集めていたのだ。残念ながら選に漏れてしまったが、これから財閥出身のアイドルや歌手が出てきても不思議ではない。

海軍中尉となった財閥子女

SKグループ会長チェ・テウォンの次女チェ・ミンジョン（財閥三世）も、違った意味で世間の注目を浴びている。

SKグループは財閥ランキング第二位、資産総額は三二七兆ウォン（二〇二二年末時点。約三六兆円）。エネルギー事業会社の「SKエナジー」や半導体製造の「SKハイニックス」など多くの会社があるが、韓国で最も有名なのは移動体通信「SKテレコム」だ。

財閥家の女性であれば、前出の女性たちのように華やかな暮らしができるはず。だが、チェ・ミンジョンは違った。自立心が強いミンジョンは中国の北京大学に進学。両親からの経済的支援を断って奨学金をもらい、塾の講師やコンビニでのバイトなどをしながら生活費を稼いだ。さらに二〇一四年、財閥家の女性として初めて海軍士官候補生に志願し、海軍中尉となって退役した。彼女の祖父は、一九八八年から一九九三年まで大統領を務めたノ・テウ（盧泰愚）だ。軍人出身の祖父の影響があるのかもしれない。

ミンジョンは、入社した「SKハイニックス」を休職して、サンフランシスコにあるNPO（非営利組織）「SMART」で、貧しい家庭の中高生を対象に数学や英語などを教えるボランティアをしていたという。その後、SKハイニックスを退社し、アメリカでAI（人工知能）基盤の医療サービス会社「インテグラルヘルス」を共同設立し、患者の心理的健康を保つサービスの提供に取り組んでいる。

このようなチェ・ミンジョンの生き方は、進取的な考え方、自立心、社会貢献活動などを通して「ノブレス・オブリージュ（社会指導層の道徳的責務）」の模範だと言われ、多くの尊敬を集めている。

いわゆるMZ世代（一九八一～二〇一〇年生まれのデジタルネイティブ世代）の財閥の子女が、安定した金持ちの座にしがみつくことなく、自分のため、人々のために必死で学び働く姿は、生き生きとしていて美しい。逆に言えば、それほど立派な人物でなければ、韓国人の多くはやっかみと批判の目を彼女たちに向けていたはずだ。韓国社会が財閥に対して抱く負のイメージを、努力や節制によってはねのける彼女たちは、きっとこれからも韓国国民に愛され続けるだろう。

4　財閥お騒がせ事件簿

ナッツリターン事件

二〇一五年、韓国で公開された映画『ベテラン』は動員観客数一三〇〇万人を超える大ヒットを収めた。広域捜査隊のベテラン刑事と、傍若無人《ぼうじゃくぶじん》に振る舞う財閥三世が対決するストーリーで、社会の不条理に抗《あらが》う痛快アクション映画だ。

同作は『相棒』（二〇〇六年）や『ベルリンファイル』（二〇一三年）のリュ・スンワンが監督し、ファン・ジョンミンやユ・アインなど人気俳優が出演しており、それがヒットの要因であることは間違いない。しかし、なによりもタイミングがよかったことに尽きる。ちょうど財閥家のパワハラに国民が憤慨《ふんがい》していた時期だったのだ。

先に紹介した財閥子女たちとは正反対に、権力を笠《かさ》に着た財閥の振る舞いが時にニュースを騒がせる。そうした傍若無人ぶりが、ドラマにおける財閥の血も涙もない設定につながっているように思えてならない。ここからは、韓国人なら誰でも知っている財閥による事件を見てみよう。

まずは、日本でも有名な「ナッツリターン事件」だ。事件が起きたのは二〇一四年一二月五日、真冬のニューヨークJFK空港だった。仁川《インチョン》空港行きの大韓航空旅客機が滑走路に侵入して、突然引き返す。ファーストクラスに乗っていた大韓航空副社長チョ・ヒョナ(二〇二三年七月、チョ・スンヨンに改名)の指示だった。

ヒョナは自分に出されたナッツを見て、「どうしてナッツを袋のまま出すの! マニュアルと違うでしょ」と指摘した。マニュアルでは、ファーストクラスの乗客の意向を聞いてからナッツを開封し、小皿に載せて飲み物と一緒に提供することになっていた。

ヒョナはさらに機内事務長を呼び、サービスマニュアルを見せるよう要求するが、マニュアルの入ったタブレットのパスワードが分からず、開くことができなかった。ヒョナは事務長と乗務員に暴言を吐いて土下座させる。それでも怒りが収まらないヒョナは、旅客機を引き返すよう指示し、事務長を強制的に降ろしたのだった。

機長も会社のオーナーの指示には逆らえなかったようだ。この影響で出発が二〇分遅れ、乗客二五〇人は予定時刻より一一分遅れて仁川空港に到着した。プライベートジェットなら好きにすればいいが、これは公共の便であり、大勢に迷惑をかけるべきではない。サービスを徹底したいのなら、後日、事務所に呼び出して教育すればいいではないか。

事件は三日後にメディアで報道される。国土交通部は航空機を引き返したヒョナと機長に対し、航空法、航空安全および保安に関する法律、運航規程違反に当たるかどうかを調査すると発表した。これに対して大韓航空側は「行きすぎた行動だった」としながらも「役員として乗務員のサービス問題を指摘したのは当然」と釈明する。

結局、ヒョナは大韓航空のすべての役職から退くことになる。裁判の結果、第一審では懲役一年の実刑を言い渡されるが、第二審で懲役一〇か月、執行猶予二年の判決が確定した。減刑されたのは、地上路は航路ではないという理由で、航空保安法違反の容疑が無罪になったからだった。

不祥事続きの韓進オーナー一家

大韓航空が属する韓進グループは財閥ランキング一四位、資産総額三八兆ウォン（二〇二二年末時点。約四・二兆円）。傘下にジンエアー、韓進（宅配や高速バス）などを持ち、物流・運輸をメインとしている。

一九七四年生まれのヒョナは、事件前まで別段、評判は悪くなかった。一九九九年にコーネル大学ホテル経営学部を卒業し、大韓航空ホテル免税事業部に入社。韓国固有の食材を使った韓国料理を機内食のメニューとして開発し、機内サービスを向上させた功績を持つ、どちらかといえば優秀な財閥三世といえる。

韓進のオーナー一家は、ヒョナ以外にもパワハラ事件をいくつか起こしている。そのひとつが、ヒョナの妹ヒョンミン（一九八三年生まれ）が起こした「コップパワハラ事件」だ。パワハラの姉が「ナッツ姫」と呼ばれるのに対して、妹は「水かけ姫」と称される。

二〇一八年三月、ヒョンミンは会議の途中、水の入ったガラスのコップを床に投げつけると、続けて広告代理店の社員にジュースの入った紙コップを投げつけた。自分の要求した内容が資料に反映されていないという理由だった。この事件は裁判の結果、無罪にはなったが、ヒョンミンは韓進グループ企業の専務を退くことになる。その一四か月後の二〇一九年六月、ヒョンミンが経営に復帰したことから、世間の非難を浴びることになった。

二人の母親イ・ミョンヒも、二〇一八年、フィリピン人女性一一人の家政婦を違法に雇用した容疑で起訴されている。大韓航空の研修生として書類を偽造し、家政婦のビザを発行させたのだ。ミョンヒは裁判で「違法とは知らなかった」と容疑を否定したが、結局、懲役一年六か月、執行猶予三年を言い渡された。

韓進オーナー一家によるパワハラは、一家が企業を自分たちの所有物だと思っていることと、社員を下僕《げぼく》扱いしていることなどに起因すると識者は言う。韓進にはいろいろと腹が立つことも多いが、それでも私は大韓航空をメインに使っている。特定の財閥が少しばかり気に入らなくても、不買運動をして暮らすことは韓国では難しい。それほど財閥のサービスは生活の隅々にまで行き渡っているからだ。

財閥と司法権力の結びつき

財閥の傲慢《ごうまん》ぶりがより際立つ事件がある。二〇一〇年一〇月、運輸会社マイト&メイン(M&M)代表のチェ・チョルウォンが、暴行事件を起こした。チェ・チョルウォンは、SKグループ創業者の甥《おい》で、現会長のいとこにあたる。

事件の顚末《てんまつ》はこうだ。あるタンクローリー運転手の勤めていた会社が、M&M社に吸収合併されて、運転手は雇用承継から外されてしまう。そこで、M&Mの本社前でひとりデモをしていると、これを見たチョルウォンが事務室に呼び出した。そして「一発当たり一〇〇万ウォン(約一一万円)を代価としてやる」と言って尻をバットで叩いた。この事件が前述した映画『ベテラン』のモチーフとなった。

タンクローリー運転手の男はインタビューでこう語った。

「二、三回殴られて倒れました。あまりの苦痛に助けを求めましたが、そばに座っていたスーツ姿の男たち七、八人はただ見ているだけでした。彼らは全員、役員たちでした。一〇発殴られてから耐えられずにあがいたところ、『いまから一発三〇〇万ウォン（約三三万円）だ』と言って、もう三発殴られました」

野球バットで一三回も殴ったあと、チョルウォンは男を起き上がらせると、トイレットペーパーを手にぐるぐる巻いて口に突っ込み、顔を殴った。暴行が終わると示談書を二枚作成し、詳しい内容が読めないように妨害して、二〇〇〇万ウォン（約二二〇万円）の小切手を膝《ひざ》に投げた。それからタンクローリー代として五〇〇〇万ウォン（約五五〇万円）を彼の口座に入金した。

運転手の男は自殺まで考えたという。有名な市民団体やマスコミを訪ねていっても、相手にしてもらえなかったからだ。彼らのバックには、SKという巨大な広告主がいた。

紆余曲折《うよきょくせつ》を経て二〇一〇年一一月、テレビ番組「時事マガジン2580」で運転手の訴えが取り上げられると、世間でチョルウォンの処罰を求める声が上がる。その後、警察に出頭したチョルウォンは悪びれる様子もなく堂々としていた（薄ら笑いを浮かべているようにも見えた）。なにか犯罪を起こしても、自分は処罰されないだろうし、たとえ逮捕されたとしてもすぐに出られるはず。チョルウォンにはそういう傲慢さがあった。

裁判の結果、第一審では懲役一年六か月の実刑を宣告されたが、第二審では執行猶予三年を勝ち取った。社会的制裁を受けたこと、被害者と示談が成立していたことが理由だった。結局、チョルウォンは獄中暮らしをせずに済んだのだ。

事件はこれで終わらなかった。その一三日後、ソウル地検は業務妨害と一般交通妨害で、被害者だった運転手の男を起訴したのだ。起訴したのは、刑事四部にいた部長検事パク・チョル。この起訴が世間の非難を浴びた。パク・チョルはこの事件を処理したあと、検察に辞表を出してアメリカに渡ると、帰国後はＳＫケミカルの常務になり、二〇一六年にはＳＫケミカルの副社長に昇進したのだ。これらの結果を見て、当時、元部長検事がＳＫからなんらかの対価を受け取ったのではないかと思われている。

真相は誰にも分からない。ただし、財閥と司法権力の結びつきを疑わせるには十分で、財閥が持つ力を実感する出来事だった。

財閥総帥による報復事件

二〇〇七年三月八日の深夜、ハンファグループ会長のキム・スンヨンが、次男ドンウォン（一九八五年生まれ）が暴行された仕返しに、ボディーガードを引き連れて殴りこみに行った。

江南・清潭洞《チョンダムドン》のカラオケ店で事件は起きた。北倉洞《プッチャンドン》（市庁《シチョン》駅にあるザ・プラザホテルの裏側一帯）にあるルームサロン（ホステス付きの個室クラブ）の専務以下六人の従業員が、仕事を終えてカラオケ店に遊びに来ていた。同じカラオケ店で、留学先のイェール大学から一時帰国していたドンウォンが友人たちとお酒を飲んでいた。

トイレの前でルームサロンの一行に会うと、彼らはドンウォンの目つきが気に入らないと言って集団で暴行を加えた。ドンウォンは階段から落ちて、目の周りを一〇針縫うケガを負った。「俺が誰か知っていて殴ったのか」と言うと、専務とその一行は「知らねえよ」と言って嘲笑《ちょうしょう》を浴びせた。

病院での治療を終えて帰宅したドンウォンは、父親スンヨンにこの事実を伝えて「告訴すべきじゃないのか」と言う。すると父親は怒って「バカを言うな。男らしく謝らせる」と言い、自ら行動に移す。

九日午後七時ごろ、清潭洞のカラオケ店に黒いスーツ姿の男たちと入っていったスンヨンは「昨日うちの息子を殴ったのは誰だ」と訊く。カラオケ店のオーナーは急いでルームサロンに電話する。「ハンファ会長の息子が殴られてケガをしたそうだ。早く謝りに来い」。従業員三人とともに駆けつけたルームサロンの専務は、スンヨンに「殴ったのは誰だ」と訊かれ、「私です」と答える。専務ら四人はソウル市南部・清渓山《チョンゲサン》にある低層マンションの工事現場に連れていかれる。

午後九時。暗闇の中で、スンヨンは専務に殴る蹴るの暴行を加え、「息子が殴られているのに止めなかった」という理由から従業員三人も殴る。そこへドンウォンが現れ、専務を見て「俺を殴ったのはこの人じゃない」と言う。スンヨンは真犯人を見つけに北倉洞へと向かう。

午後一一時。スンヨンはボディーガードたちを連れてルームサロンに入ると、すぐにオーナーに平手打ちを食らわせて「息子を殴ったヤツを連れてこい」と言って部屋に入る。真犯人が部屋に入ると、スンヨンは息子に顔を確認させてから「お前が殴れ」と言って殴らせる。ドンウォンは指示通りに殴る。午前〇時、通報を受けた警察官数人がやってくるが、オーナーは「店員同士でケンカしています」と言い繕《つくろ》うのだった。

横暴な財閥を裁くことの難しさ

この事件がメディアで報道されると、世間は大騒ぎになる。「政府に優遇されて成長した企業の総帥たちは、自分たちが法の上にいる特権層だと考えている」「ハンファだけの問題ではなく、総帥の独断的なカリスマ性に依存する財閥企業にはいつでも起こりうる事件だ」などと批判が出た。

しかし、この事件に関してはスンヨンを擁護する声のほうが多かった。「一般人の親であれば子どもが暴行されても示談金をもらって怒りを鎮《しず》めるしかないが、力のある親なんだから殴ってボコボコにしてやればいい」「我が子が殴られてきたら、財閥の会長であろうとなかろうと、加害者をぶん殴ってやりたくなるはず」「息子のために暴力も辞さないとはカッコいい父親だ」。擁護の声が上がったのは、これが対等なケンカではなく、ドンウォンが集団暴行で一方的に殴られたからだろう。

スンヨンは起訴された。公判が開かれて、第一審では懲役一年六か月を言い渡されるが、第二審では執行猶予三年が付いて釈放された。いまでもプロ野球のハンファ・イーグルスが試合に負けたり成績が悪かったりすると、「清渓山に連れていかれてバットで殴られないと」などと、この事件が笑い話に使われている。

ハンファグループは財閥ランキング七位、資産総額八三兆ウォン（二〇二二年末時点。約九・一兆円）の財閥だ。一九五二年に設立された韓国火薬株式会社が母体で、一九九二年に「韓国火薬」から「ハンファ」に名称を変更する。化学をはじめとして、建設、航空、エネルギー、金融など、さまざまな分野で事業を行う。

以上見てきたように、財閥が起こす事件やパワハラは後を絶たないが、法が介入できる領域が狭く、実際に立件にたどりつくケースは少ない。日常の不当な指示や人格冒瀆《ぼうとく》、精神的な虐待を立証するのは難しく、明確な暴行などの事件しか処罰できないのが現状だ。それに、財閥はお金をかけて優秀な弁護士を何人も雇えるが、被害者は財閥を相手に闘っているうちに日々の生活にも困窮してしまうため、世論を味方に付けるしかない。

また、裁判所は財閥のパワハラに寛大でもある。第一審で実刑を宣告しても、第二審であれこれと理由を付けて執行猶予付きで釈放してしまう。裁判所は財閥の味方ではないかと思えるほどだ。そういう事情からも、韓国社会では財閥の力がことさら大きく見える。

離婚した財閥の財産はどうなる？

暴力やパワハラとは異なるが、財閥の離婚報道も韓国社会では強い関心が寄せられる。

財閥家との結婚は誰もが憧れる。しかし、結婚はゴールではない。結果的に離婚してしまう人が多いのは、いろいろと気苦労が多いからだろう。ドラマ「涙の女王」では、財閥家のホン・ヘインと結婚したペク・ヒョヌが、苦しい毎日を送っていると精神科医に相談するシーンがある。ヒョヌが離婚を希望した理由のひとつも、財閥家の息苦しさだった。

財閥家の離婚は少なくないが、いま「世紀の離婚」として韓国中を騒がせているのが、SKグループ会長のチェ・テウォン（一九六〇年生まれ）とアートセンターナビの館長ノ・ソヨン（一九六一年生まれ）だ。二〇二四年五月三〇日、ソウル高裁はテウォンに対し、一兆三八〇八億ウォン（約一五一八・九億円）の財産分与と慰謝料二〇億ウォン（約二・二億円）を元妻のソヨンに支払うよう判決を下した。この財産分与額は韓国史上最高額となる。

ソヨンはノ・テウ元大統領の長女で、一九八八年、青瓦台（大統領府）の迎賓館でテウォンと結婚式を挙げた。現職の大統領の姻戚企業になったSKは、これを機にどんどん成長していった。いまのSKがあるのはノ・テウのおかげだ、というのは公然の秘密だ。SKに限らず、韓国における財閥と政治の距離は非常に近い。

熱愛の末に結ばれたふたりだったが、徐々に亀裂が入りはじめる。そして二〇一五年、テウォンは日刊紙「世界日報」に手紙を送った。以下に一部を抜粋しよう。

知られているように、私たちは長い間、別居しています。ノ館長とは夫婦として縁をつないでいくことはできなくても、いい仲間となって応援してあげたいと思いました。結婚生活をこれ以上続けられないと互いに思い、離婚に対する具体的な議論を続けているなかで、偶然、心を癒《い》やしてくれるひとりの女性に出会いました。

そして、その方と共に歩む人生を夢見るようになりました。当時、私の家庭の状況がどうであれ、そのような夢は順序的にも道義的にも正しくありませんでした。新しい家庭を築く前に、まず婚姻関係をきちんと終わらせなくてはならないことは、どんな言葉を並べ立てても弁解できないことを知っていました。

この手紙を通じて、テウォンはキム・ヒヨンという女性と不倫関係にあったことを告白し、隠し子の存在も周知のものとなった。ヒヨンは元夫との間に男児がいて、二〇〇八年に離婚しているのだが、テウォンが離婚するよう勧めていたことも明らかになった。ドラマの脚本にもないような泥沼だ。

財閥家の離婚となると、やはり財産分与額は天文学的な数字になる。ＳＫ会長元夫婦につづく第二位は、二〇〇四年に離婚したエヌシーソフト代表キム・テクチンと元夫人で、財産分与は株式一・七六％。当時の時価で三〇〇億ウォン（約三三億円）相当だ。韓国では財閥家の離婚報道は国を挙げての関心の的で、高額な財産分与も話題になるので、事例を挙げていけばきりがない。先に言及した「ナッツ姫」ことチョ・ヒョナも、美容外科医の夫と離婚し、一三億三〇〇〇万ウォン（約一・五億円）もの財産を分与している。

一般的に、離婚慰謝料は一〇〇〇万ウォン（約一一〇万円）からせいぜい三〇〇〇万ウォン（約三三〇万円）だ。しかし相手方が財閥の場合は、離婚したら億単位の大金が転がり込む。財閥と一度縁を持てば、たとえ離婚しても食べていくのに困らないわけだ。韓国ドラマで庶民と財閥が恋に落ちて結婚する設定は、そうした願望の裏返しと見ることができるかもしれない。

第3章 かわいい子には勉強させよ——学歴と韓国

1　超学歴社会・韓国のリアル

韓国人にとっての「いい大学」

「네《ネ》카《カ》라《ラ》쿠《ク》배《ペ》당《ダン》토《ト》직《ジク》야《ヤ》」という言葉がある。

まるで呪文のようなこの言葉は「ネイバー、カカオ、ライン、クーパン、ペダレミンジョク、タングン、トス、チクパン、ヤノルジャ」という企業九社の頭文字をつなげた新造語。MZ世代（一九八一〜二〇一〇年生まれのデジタルネイティブ世代）が就職したい有名プラットフォーム企業だ（以前は七社だったが、近年チクパンとヤノルジャが加わった）。

最近は、サムスンやLGなどの財閥企業以外にも、能力を十分に発揮でき、将来性もあるプラットフォーム企業への就職を望む若者が増えている。冒頭に挙げた企業は、給料面だけでなく、福利厚生面においても大企業にも引けを取らない。

このような人気企業に就職するには、まず「いい大学」に進む必要がある。日本と同様、韓国にもいわゆる「学歴フィルター」があって、偏差値の低い大学の学生は就職活動で不利になるからだ。

序列化を意味する「学歴」、つまり「学校歴」のことを韓国では「학벌《ハクボル》（学閥）」という。「同じ大学を出た者同士の派閥」という意味もあるが、そちらは二義的な意味で、「学閥社会」は「高学歴社会」、「学閥がいい」は「いい大学を出ている」の意味で使われる。

では、韓国人にとって「いい大学」とはどんな大学か。日本では、地方の国公立大学は「いい大学」だろう。静岡出身の私にとって、静岡大学や静岡県立大学は憧れの大学だった。国公立だから授業料も安いし、家から通える距離にある。東大や京大、早稲田や慶応など全国トップレベルの大学は当然「いい大学」だが、地方の「いい大学」がそれらと比べて大きく卑下《ひげ》されることはない。

しかし韓国では、たとえ偏差値の高い大学でも、地方の大学に入ったら「人生詰《つ》んだ」と言われる。だから誰もが「インソウル（In Seoul）」、つまりソウルにある四年制の総合大学を目指していて、「インソウル」以外の大学に進んだら失敗とみなされる。

もちろん例外もある。釜山《プサン》で生まれ育って釜山の企業に就職し、ずっと釜山で生きていきたいと思うなら、地元の大学への進学もありえる。国公立の釜山大学や慶北《キョンブク》大学、全南《チョンナム》大学などは、「インソウル」の下位大学よりもずっと偏差値が高いのだから。ただ、成績のいい優秀な人がひと花咲かせたいと思うなら、たいていは「インソウル」に進むはずだ。

暗黒のIMF時代が生んだトレンド

「インソウル」という言葉は、二〇〇〇年以降に使われるようになった。韓国は一九九七年、IMFの管理下に入った。韓国人はこれを「IMF時代」と呼ぶ。IMF時代になって韓国経済は悪化したが、初期はそれほど深刻ではなかったように思う。私が九七年末に現代《ヒョンデ》証券（現KB証券）に契約社員として入ったころは、全く景気の悪さを感じなかった。

経済悪化を体感しはじめたのは二〇〇〇年代になってからだ。給料の未払いに嘆く友人も増えてきて、人々はいつ終わるかも分からないIMF時代に危機感を抱きはじめていた。非正規雇用から正規雇用への転換率も、経済協力開発機構（OECD）加盟国中で韓国が最下位。加盟国平均の三五％に比べると、韓国はずばぬけて低い一一％だった。非正規として働きながら一生を暮らすことへの恐怖心が蔓延《まんえん》していた。

人々は雇用不安から抜け出すため、さらに教育に力を入れるようになった。労働市場の両極化が激化したために始まった競争と言える。そこから、「せめてソウルにある大学へ」という心理的抵抗が生まれ、「インソウル」という言葉が生まれた。

日本における「日東駒専」「MARCH」「関関同立」のような大学グループは韓国にもあって、「インソウル」の中にも序列が存在する。一般的に言われている順位は、SKY《スカイ》

を筆頭に次のとおりだ（学部によっても偏差値に差があり、大学間にも多少の順位変動はある）。

- SKY――ソウル大学、高麗《コリョ》大学、延世《ヨンセ》大学
- 成漢西――成均館《ソンギュンガン》大学、漢陽《ハニャン》大学、西江《ソガン》大学
- 中慶外市――中央大学、慶熙《キョンヒ》大学、韓国外国語大学、ソウル市立大学
- 国崇世檀――国民大学、崇実《スンシル》大学、世宗《セジョン》大学、檀国《タングク》大学
- 光明祥カ――光云《クァンウン》大学、明知《ミョンジ》大学、祥明《サンミョン》大学、カトリック大学
- 西三漢――西京《ソギョン》大学、三育《サミュク》大学、漢城《ハンソン》大学

歴代大統領の出身大学は、ユン・ソンニョル（尹錫悦）大統領がソウル大学、ムン・ジェイン（文在寅）元大統領が慶熙大学、パク・クネ（朴槿恵）元大統領が西江大学と、全員が「インソウル」だ。

「インソウル」から医学部信仰へ

実は近年、少しずつ風潮が変化してきている。「インソウル」というだけで認められた

のは二〇一〇年代までで、いまは「国崇世檀レベル以下なんて地方大学みたいなもの」と言われるのだ（地方大学に失礼！）。だから浪人してでも上位大学を狙うか、諦めて海外の大学へ進む人が増えている。そして、「ソウル大学」というタイトルよりも「医学部」という肩書を欲しがる時代に変遷しつつあるのだ。

韓国で一大ブームを作った「ＳＫＹキャッスル～上流階級の妻たち」（二〇一八年）は、大学入試や私教育を題材にしたドラマで、一見華やかな上流階級の人々が繰り広げる激しい競争と入り組んだ人間模様を描く。タイトルにもなっている高級住宅街ＳＫＹキャッスルはソウル大、高麗大、延世大の頭文字を合わせた「ＳＫＹ」だと容易に想像がつく。

上位〇・一％の富裕層しか住めないＳＫＹキャッスルで、親たちはなんとしてでもわが子を医大に入れようとあの手この手で奮闘する。このドラマに登場するトップクラスの生徒たちは医学部への進学を目指す。「ＳＫＹキャッスル」が作られた二〇一八年には、すでに「なにがなんでも医学部」という傾向が現れはじめていたことになる（韓国は大学を「大学校」、学部を「大学」と呼ぶので、医学部は「医大」と呼ばれる）。

目指すは、最高峰ソウル大学の医学部だ。もし医学部に入れそうにない場合は？　ひと昔前なら医学部を諦めて、ソウル大学の他学部に進んだだろう。どんな学部であろうとソウル大学には違いないのだから。しかし、いまはソウル大学へのこだわりを捨てて、他の大学の医学部に進む。トップクラスの高麗大学や延世大学なら申し分ないが、それも無理なら地方の国立大学の医学部を選択する。つまり、ソウル大学の文学部よりも地方国立大学の医学部を選ぶ時代になったわけだ。

肩書はお金に直結する。医者になれば大学病院に勤めることもできるし、美容外科のクリニックを個人で開くこともできる。他学部を出た人と比べて、圧倒的に安定している。社会的な地位もあるし、高収入も得られる。

このようなステータスは、本人たちよりも親が望んでいることが多い。親が医者である場合は、わが子にも自分と同じような生活をさせたいと望むし、裕福でない家庭で育った子の場合は、医者になることこそがステータスアップの唯一のチャンスになる。

近年、医学部熱はますますヒートアップしている。二〇二四年二月、政府が「医学部の定員を二千人増員する」と発表すると、韓国中が騒然となった。受験生はもとより、大学に在籍しながら他の大学や学部を目指して受験勉強をする仮面浪人生たち、ひいてはすでに就職している社会人までが、医学部合格を目指しはじめたのだ。

実際、政府の正式発表前に増員決定がうわさになった時点で、退勤後に独学する会社員が目に見えて増えた。夜八時に勉強をはじめて、夜中の二時や三時に終わることもざら。韓国人にとって大事な旧正月ですら故郷に帰らずに、ひたすら勉強するのだから本気だ。

このような医学部全盛時代だから、韓国の高校ではいま、理系クラスに生徒が集中していて、三分の二が理系クラスを選ぶという。高校生女子でも六~七割は理系だ。数学の苦手な私は、韓国に生まれなくてよかったと心から思う。

2 常軌を逸した「お受験ママ」たち

幼稚園からの「先行学習」

韓国で塾は「学院」と呼ばれる。ピアノ教室も料理教室もすべて「学院」だ。大学入試を控えた高校生や浪人生が通う予備校は「入試学院」というが、こちらも略して「学院」。入試学院の九五%は富裕層の住む江南《カンナム》区の大峙洞《テチドン》に集中している。

日本と比べて貧富の差が大きく階級社会ともいえる韓国で、下層からはい上がるのに必要なものこそ学歴だ。親は借金をしてでも、わが子を学院に通わせる。韓国の家計債務が大きい要因でもある。大峙洞に行くと、キャリーバッグを転がして歩く小中学生の姿が目に付く。バッグの中身は勉強道具だ。小さな体ではリュックに詰めて背負うこともできないので、引きずるしかない。中一の女子がテレビのインタビューに答えていた。

「英語、国語、数学、科学、論述など、何か所も学院をはしごしています。家に帰って宿題をして、寝るのは午前三時ごろです」

小学生も忙しい。別の番組に出ていた小五の男子は、学校の授業が終わると母親が迎えに来て、テコンドー教室へ。いったん家に戻って夕飯を食べ、七時から一一時まで家庭教師と勉強する様子が放送されていた。親は生後五か月から学習させていたというから驚きだ（どうやって学習させたのだろう）。

韓国では幼いころから子どもの「先行学習」に力を入れる親が多い。先行学習とは、その学年で習う部分をずっと前に勉強しておくことだ。例えば「英語教育は英語幼稚園から始めろ」と言われる。幼稚園から勉強を始めないと小学校でついていけなくなるし、小学校で中高の数学を勉強しておかないと中高でいい成績が取れない、というわけだ。

このような恐怖心があるため、先行学習と私教育を行う人がどんどん増えていく。最近の医学部ブームによって、大峙洞をはじめとするあちこちの学院に「小学生医学部クラス」

が作られはじめた。この学院では、小学五年生までに中学の数学を終わらせるという。
ドラマ「ハピネスバトル」（二〇二三年）では、子どもを英語幼稚園に通わせているセレブの女性たちが、家族の幸せ度合いをＳＮＳなどで自慢し合っていた。月に一五〇万ウォン（約一六・五万円）以上の月謝を払って通わせるのだから、英語幼稚園はセレブの象徴なのだろう。しかし、いくら裕福でも先行学習は家計を圧迫する。夫婦共に韓医者（韓国の伝統医学に基づき医療行為を行う国家資格者）であっても、英語幼稚園に通わせると家計が苦しいというインタビューを見た。

韓国で幼稚園の先行学習の話が出ると、よく引き合いに出されるのが、先行学習を禁止しているドイツだ。ドイツでは、先行学習は教師の権利と生徒の考える権利を侵していると考えられているため、幼稚園では思いきり遊び、小学校に入ってから勉強する。入学前、ほとんどの子は自分の名前くらいしかアルファベットを書けないが、興味を持ち始める年齢になってから勉強に取り組むので、一年もたてば本を読めるようになるらしい。

「入試コーディネーター」の役割

江南の富裕層居住エリアは大きく二つに分けられる。清潭《チョンダム》・狎鷗亭洞《アックジョンドン》と大崎洞だ。

清潭・狎鷗亭エリアに住む人々は、富の規模が相対的に大きいため、社会的・経済的な地位を子どもたちに継がせることが可能だ。子どもたちが優秀であるに越したことはないが、必ずしも勉強ができなくてもいいと考える。

これに対して、大峙洞エリアの住民は一代で成功した人が多く、富の規模が限定的なため、相続を通じて社会的・経済的な地位を子に継がせることができない専門職が多い。どうにかして子どもたちにも成功してほしいと思っているが、そのためには財産や家業を継げばいい金持ちと違って、自分の力で人生を切り開かなくてはならない。「SKYキャッスル」で描かれる医師や元検事の家庭は、大峙洞の文化と言えるだろう。

ドラマ「SKYキャッスル」には「入試コーディネーター」なる者が出てきて、子どもの成績、心理状態から短期的な戦略まで、大学進学に関するすべてをマネジメントしていた。全科目に家庭教師を付け、テストの予想問題を作ったり、生徒会長の選挙出馬や登下校まで管理したりする様子に、さすがにこれは嘘だろうと思った日本人は多いはずだ。

だが、現実はドラマと大きく変わらない。入試コーディネーターは実在する職業で、教育専門家によると、一部の上流階級の間では一九九〇年代から知られる存在だ。「コーディネーター」「コーディ」「メンター先生」「院長」などの名称で呼ばれている。

「ＳＫＹキャッスル」のコーディ、キム・ジュヨンは、元ソウル大学入学査定官という設定だが、実際には学院の講師など私教育に長年携わってきた人たちや、わが子をソウル大に入れた「돼지엄마《テジオンマ》（豚ママ）」がなることが多い。豚ママとは、競争の熾烈《しれつ》な学区で学業に関するさまざまな情報を持ち、父母だけでなく大手学院にまで影響を与えるリーダー的な母親のことで、豚が子豚を連れて歩くように学院の親たちを率いることからこう表現される。二〇一四年の新造語で、韓国の学院界隈で使われているスラングだ。

　コーディのギャラは月に七〇〇万～八〇〇万ウォン（約七七万～八八万円）くらいで、一〇〇〇万ウォン（約一一〇万円）を超えるケースもあるという。「ＳＫＹキャッスル」では、アパート一戸分の報酬だと言っていたから、少なくても年間一〇億ウォン（約一・一億円）以上だろう。専門家によれば、年に億単位の報酬をもらうコーディは実在し、能力を認められれば想像を絶する年俸や成功報酬が手に入る。

勉強漬けの高校生

「中学生の娘が高校から韓国に行きたいって言うんだけど、英実さんはどう思う？」

　日本にいる友人から相談された。Ｋ-ＰＯＰにハマって韓国語を勉強しはじめた娘さんは、ネットを通じて韓国に同世代の友人がたくさんできて、「韓国の高校においで」と誘われたらしい。私は正直に答えた。

「どんな高校生活を夢見ているのか知らないけど、韓国の高校生ってみんな猛勉強してるよ。日本から来た友達と放課後に遊ぶ余裕なんてないと思うけど、そのへんの事情は理解できているのかな？」

友人は「ええっ本当？　全然知らなかった」と驚いていたので、私は「日本の高校を卒業して、それでも韓国に興味があるなら大学から留学すればいい」とアドバイスした。

韓国の高校には「夜間自律学習」、通称「夜自《ヤジャ》」と言い、授業のあと学校に残って夜九時から一〇時くらいまで自習をする制度がある。名称は「自律」だが、強制参加であることも多い。夜自を終えてから学院で講義を受けるので、帰宅時間は真夜中になってしまう。

夜自に関しては地域や年齢によって差がある。半強制的に参加させる高校は地方に多く、ソウルや京畿道《キョンギド》など首都圏の高校では夜自に参加せず、学院に通う生徒のほうが多い。私の友人は忠清南道《チュンチョンナムド》の出身で、昼夜二食分のお弁当を持って学校に通っていたという。

とにかく、韓国の高校生は勉強のしすぎだ。夜自だろうと学院だろうと、夜一〇時くらいまで勉強するのだから。きっと家に帰ってからも勉強するのだろう。韓国に初めて来たときに「なんてメガネを掛けている人が多いのだろう」と驚いたが、勉強のしすぎに違いない。毎日、教科書ばかり見ていたら目も悪くなって当然だ。

私は二〇二一年まで七年くらい、江南駅の近くに住んでいた。マンションのすぐ近くに大成《テソン》学院という有名な入試学院があって、夜一〇時くらいになると学院前の道路は生徒を迎えに来た車で混雑していた。何百人もの高校生が騒いでいたので、コロナ禍で学院が閉鎖されたときはひっそりとして、逆に寂しいくらいだった。

苛烈な受験戦争の弊害

韓国の教育チャンネルでドキュメンタリー番組「子どもたちが教室で眠る理由」を見た。ある高校の先生が「授業中はみんな眠っているので反応もなく、教えがいがない」と嘆いていた。居眠りする生徒たちに授業を聞いてもらおうと、ギャグを言ったり動画を作ったり、試行錯誤を重ねて頑張っているのに、先生の努力が報《むく》われることはなかった。

韓国の高校生は学院で先行学習をするから、学校の授業中は眠っている子が多い。生徒たちにとって学校は友達に会いに行く場であり、大学に入るための卒業証書をもらう場でしかない。番組でも「学院で全部習ったことだから」と言って寝る生徒が後を絶たず、

「学校の授業を聞くよりも、むしろ一二時間フルタイムで学院の講義だけ聞いたほうがためになる」と言う生徒までいたくらいだ。高校の先生が気の毒で仕方なかった。

勉強や受験がハードすぎると、事件事故が起きることも心配だ。「SKYキャッスル」では、中学生のイェビンらがコンビニでお菓子を集団万引きするシーンが出てくる。イェビンは母親ソジンの関心を引くためにやったと言うが、ソジンは「勉強のストレス解消のためだ」と取り合わない。

店内に監視カメラが張り巡らされているので、現実的に集団万引きは難しいだろうし、それらしき光景も見たことがない。だが、ストレス解消のため過食になったり、いじめなどの攻撃的な行動を取ったり、イェビンのように万引きしたりするケースはあるらしい。夜尿症や脱毛症、チック症などの病気になる子、うつ病になる子、引きこもりになってしまう子もいると聞く。

一番怖いのは自殺だ。韓国では、大学受験に失敗して自殺する人が毎年のように報道される。韓国で日本の共通テストに当たる試験は「大学修学能力試験」といい、通称「修能」と呼ばれる。受験生は、この日のために幼いころから十数年勉強してきたのだ。二〇〇三年には、一科目が終わったばかりなのに悲観して身投げしてしまった子も出た。試験当日、漢江《ハンガン》の橋の欄干に立っている受験生がいると、通りすがりの人たちが「修能だけが人生じゃないよ」と声をかけることも珍しくない。

こうした韓国の現状は、そう遠くない日本の姿かもしれない。少子化に歯止めが利かない日本でも、子ども一人にかける教育費は増大し、韓国のように学校外での先行教育が進んでいる。学校が形骸化し、子どもたちが心を病むような事態は、どうにか避けてほしい。

3 年収数百億ウォンを稼ぐ塾講師たち

私の大学院時代

私は日本の大学を卒業し、一九九六年に延世大学の語学堂に入った（語学学校のことを韓国では「語学堂」と呼ぶ）。正規課程を一年半かけて卒業し、延世大学の大学院に入学した。大学教授や研究者になろうなどという大それた夢や野望があったわけではない。のんびりと趣味の領域で社会学を学ぼうと思っていた。

しかし、周りの院生たちは真剣で学問に向けるエネルギーがすさまじく、私との熱量の差が大きすぎた。毎日のように図書館にこもって勉強するし、常に大量の書物を抱えてキャンパスを歩いていた。

大学時代は学費も生活費も親に頼りきりだった私は、大学院くらいは自分の力で稼いで通いたかった。だから翻訳やライターなどのバイトをして日銭を稼いだ。そんなある日、教授に呼び出されて叱責《しっせき》された。「バイトなどしてないで勉強しなさい。日本の実家から生活費を送ってもらえばいいだろう」と。私は「何年かかってもいいので自分でお金を稼いで修士課程を終わらせたいんです」と言い返した。

そんな私を見る同期の視線は冷たかった。「勉強もしないでバイトばかりしている」と陰でこそこそ言われていたらしい。講義でレポートの課題が出されると、みんなは一冊数万ウォンする高価な専門書をコピーするために図書館へ向かい、仲間で融通しあっていたが、コピー仲間に入れてもらえなかった私は書店で本を買っていた。釜山から上京してきたという五〇代の主婦院生は時おり親切にしてくれたが、親睦《しんぼく》を深めるための飲み会にも誘われなかったし、私はいわゆる「いじめ」に遭《あ》っていた。

なんの科目だったか忘れたが、講義中、教授がふいに私に向かって聞いた。

「日本人は、日本の経済発展の理由が何だと思っていますか？」

急に当てられた私は、あたふたしながら「国民の努力の結果だと思っています」とつたない韓国語で答えた。もっと理路整然とした回答をすべきだったが、きちんと説明できるだけの語学力が当時の私にはなかった。教室中がどよめいた。「ふざけるな、日本人」「朝鮮戦争で儲《もう》けたことも知らないのか」。そんな言葉があちこちから聞こえてきた。

すると教授が言った。「静かに。では、皆さんはどうですか？　韓国の経済発展はなぜ成し遂げられたと思いますか？　皆さんも『漢江の奇跡』などと言って、自国民の努力の結果だと思っていますよね？」。教室がシーンとなった。

その講義のあと、帰り支度をしている私のところに何人かの同期がやってきて、「ねえ、あなたって日本人なのにどうして韓国名を使っているの？」と聞いてきた。「在日韓国人だから韓国語の名前もあるんです」と答えたら、「在日韓国人って日本人じゃないの？」と言われた。「いや、在日韓国人は韓国のパスポートですよ」と答えると、不思議そうな顔をしてそのまま行ってしまった。

天下の延世大学の社会学科でこの程度の知識しかないのか、なら私は自分を卑下する必要はないなと思った。

大手企業への就職よりも塾講師を選ぶ理由

釜山の主婦院生のほかに、親切にしてくれた方がもうひとりいた。私より一つ年上のハンさんという男性だった。

私は大学院が嫌になり、結局中退してしまったけれど、ハンさんとだけはその後も親しくしていた。優秀だったハンさんは無事に修士課程を修了した。カフェで会って「どこに就職したの」と聞くと、学院（予備校）で英語の講師をするという。大学院時代から家庭教師のバイトをしてきて、本格的に教えるために学院に就職したとのことだった。

「せっかく名門大学の大学院を卒業したんだから、大手の企業に入ったほうがいいんじゃないのかな」と言うと、ハンさんは首を振りながら「大企業よりもずっとペイがいいからね」と言いながら、親指と中指をこすり合わせた。

「お給料はいくら？」

「五〇〇万ウォン（約五五万円）」

私は仰天した。韓国がＩＭＦの管理下に入って、国家破産だの各家庭にあるゴールドを集めるだのと騒いでいた二〇〇〇年前後のことだ。三〇代前半の男性で五〇〇万ウォンは高給取りだ。私は日本語教師の資格を生かして韓国で教えたことがあるが、時給は一万ウォン（約一一〇〇円）強にすぎなかった。だから学院の講師も同程度の額だと思い込んでいた。「韓国の親は子どもの教育にお金を惜《お》しまないからね。僕は英語を教えるのが得意だから人気があるし。院生時代には学費を稼ぐために家庭教師でもかなり稼いでいたよ」

ハンさんはそう言うと、「いまから家庭教師の授業があるから。じゃあまたね」と手を振りながら去っていった。学院で講師をしながら家庭教師までする貪欲さに、私は舌を巻くほかなかった。

このときに初めて、大学院生の同期たちもバイトをしていたことを知った。名門・延世大学の大学院生ともなれば、家庭教師の仕事があちこちから舞い込んでくる。短時間で高額を稼げるので、私のようにちまちまと小金を稼がずに済んだのだろう。

アイドル並みの人気を誇る塾講師

それから二〇年たったいま、大手学院の講師の給料は天文学的な数字になっている。ネット掲示板で、ある母親はこう質問していた。

「江南の学院で一七年のキャリアを持つ数学の先生がいるそうです。週二回、月に八回のマンツーマンで五〇〇〇万ウォン（約五五〇〇万円）と高額ですが、生徒の成績はビリからトップになったとか。これは本当の話でしょうか」

その答えは、韓国でも注目されたドラマ「イルタ・スキャンダル～恋は特訓コースで」(二〇二三年)に出ている。このドラマの舞台は江南の名門学院。スター講師は「一等スター講師」の「一《イル》」と「タ」をとって、「イルタ」と呼ばれる。アイドル並みの人気があり、豪華なマンションに住み、外車を何台も所有している。

ドラマの中のイルタ、チェ・チヨルには実在するモデルがいる。数学のイルタ、ヒョン・ウジンだ。スタンフォード大学卒業で一九八七年生まれ、二〇二三年には全科目総合でオンライン受講生数が一位になったという。

日本と同様、最近は通称「イン講《ガン》」と呼ばれるインターネット講義(オンライン授業)が人気だ。通学時間を節約できるし、映像なら何度でも巻き戻して視聴できる。イン講業界で上位を争う業者は、メガスタディ、イートゥース、大成マイメクなどがあり、ドラマのモデルになったヒョン・ウジンは、現在業界一位のメガスタディに所属している。イン講だけしか行わない講師もいれば、イン講と併せて現講《ヒョンガン》(現場講義)を行う講師もいる。

メガスタディは業界で初めてオンライン講義を商用化した。一九九九年に現会長のソン・ジュウンがテレビショッピングを見て、「デパートが家に来た。学院も家庭に持ち込める」

と思いつき、当時のPC通信で講座を始めた。すぐに五〇〇〇人もの受講生が入ってきたので「これはいける！」と判断し、二〇〇七年に法人化したという。

業界で断トツの一位だったが、二〇一〇年になるとイートゥースやスカイエデュなどが台頭してくる。二〇一五年には、メガスタディのイルタ、シン・スンボムをイートゥースに引き抜かれ、同時に業界一位の座も奪われてしまう。

そんなとき、メガスタディの目に留まったのがヒョン・ウジンだ。二〇一〇年にスタンフォード大学を卒業し、大峙洞で評判の講師だった。スカウトされたヒョン・ウジンは、たった一か月でイルタの座を手に入れ、メガスタディも業界一位の座を取り戻すことに成功した。このように、イルタによって学院の業績、ひいては株価まで左右されるため、講師の引き抜きやスカウトも激化している。

イルタ同士の競争も激しく、事件まで起きている。二〇一一年、イルタのパク・グァンイルが逮捕された。ライバルを蹴落とすために誹謗《ひぼう》中傷を捏造《ねつぞう》した容疑である。二〇一六年七月から二〇一九年一月まで、ネット上のコミュニティサイトで七三五件もの中傷コメントを付けたという。結局、彼は懲役三年の刑を宣告された。

日本でもスター講師の収入は高く、億超えの年収を得ている人もいると聞くが、韓国のイルタにはかなわないだろう。例えば、ヒョン・ウジンの年収は二〇〇億ウォン(約二二億円)だ。三二〇億ウォン(約三五・二億円)のビルを持っていて、資産だけで一〇〇〇億ウォン(約一一〇億円)は下らない。

人生の一発逆転を果たしたイルタ

一九八二年生まれのイ・ジヨンも、韓国トップクラスのイルタとして有名だ。スカイエデュで教えたのち、イートゥースに移籍した社会科のイルタだ。

イ・ジヨンは、年収にして一三〇億ウォン(約一四・三億円)を稼ぎ、ビルや家を数軒所有し、高級車数台、ヨットまで持っている。彼女はユーチューブで通帳を見せ、口座残高を披露したことから、その年収が世間の話題となった。彼女の講義を生で聞くためには一二時間は並ばなければならないほどの人気だったというから、それだけの報酬も納得だ。

「人気だった」と過去形で書くのは、コロナ禍をきっかけに対面受付がなくなり、ネット上での申し込みになったからだ。「イルタ・スキャンダル」でも行列をなすシーンが出てくるが、これは昔の風景だ。ただし、ネットでの申し込みも楽ではない。受付開始から数秒で全席売り切れになるから、ある意味並ぶほうが確実だったかもしれない。

こう聞くと、皆さんも疑問に感じるのではないだろうか。年俸や財産、通帳などを自慢げに公開したら、人々の反感を買わないのかと。動画配信で収入を得ているユーチューバーならまだしも、学院の講師という立場には似つかわしくない振る舞いだ。しかし、イ・ジヨンはやっかまれるどころか、韓国中から称賛を浴びた。

その理由は、彼女の生い立ちにある。イ・ジヨンは貧しい家庭に生まれた。映画『パラサイト 半地下の家族』(二〇一九年)を彷彿《ほうふつ》とさせる半地下の借家に住み、父親は高卒でトラック運転手、母親は小学校もろくに通えず日銭稼ぎの仕事をしていたという。彼女は貧しさから抜け出すには成功するしかないと考え、猛勉強した。問題集を買うお金がないから先輩が捨てたものを拾い、眠気と戦うために太ももをフォークで刺しながら(!)勉強し、睡眠時間はたったの三時間で乗り切った。「韓国中の受験生の誰よりも一生懸命勉強したからソウル大に受かって当然だった」と自負する。

スランプに陥《おちい》った医師を描いたドラマ「ドクタースランプ」(二〇二四年)では、医学部に入るために猛勉強する様子が描かれる。中でも印象的だったのは、主人公ナム・ハヌルが、「インスタントコーヒーをお湯で溶いて飲んだらトイレに行きたくなる。トイレに行く時間がもったいない」と言い、粉のままコーヒーを飲むシーンだ。「こんな人いないだろう」とツッコミたくなるが、イ・ジヨンにも似たようなエピソードがあった。お湯で溶いて飲んだら体が温まって眠くなるからと、コーヒーを粉のまま食べたため、胃に穴が開いて救急室に運ばれたという。

給食費も払えず、学院に通うお金もなかった彼女の目標は、ソウル大への進学だった。周りの人たちからは「絶対に無理」とバカにされていたが、彼女は目標を達成した。奨学金をもらいながら無事にソウル大を卒業し、女子高の教師を経て講師の道へ。いまや年に何百億ウォンも稼ぐイルタとなった。イ・ジヨンが年俸を公開するのは、決して自慢するためではなく、貧しい家に生まれた自分でもここまで稼げるようになったと、後進を励ます意味があったのだ。

イ・ジヨンは「一万ウォン(約一一〇〇円)」という金額について、次のように語っている。「大学一年のときは一日三食分のお金、二六歳のときは時給、二九歳のときは分給、三〇歳を超えたら黙っていても数秒でたまる利子のようなお金だ」。

行き過ぎた私教育の象徴

ドラマ「イルタ・スキャンダル」のチェ・チヨルは、運転手兼マネジメントをしてくれる室長（秘書）などスタッフを数人雇っているが、この描写も嘘ではない。トップクラスのイルタたちは、専門のスタイリストやスタッフ数人を付けている。

芸能人のような生活ぶりに、イルタを夢見る若者も多い。教育学部の学生の間では「教師の何倍も稼げるから、教師じゃなくて講師になろう」という合言葉も日常的に交わされているそうだ。先述したように、先行教育が進む韓国では、学校の教員にやりがいを感じづらいという事情もあるかもしれない。

とはいえ、ほとんどの学院講師は業務のわりに給料が安い。同じ学院にいても人気がなかったり新人だったりしたら、年俸は三〇〇〇万ウォン（約三三〇万円）程度に過ぎない。最近は給与体系も成果給に変わってきているそうだ。私の友人は梨花《イファ》女子大学を卒業した才媛で、いっとき大峙洞の学院で教えていたが、「給料が安いし大変」と言って辞めてしまった。

華やかそうに見えるイルタだが、生活は過酷だ。

二〇二三年三月、イ・ジヨンはバラエティ番組「アラフォー息子の成長日記」に出演して、そのハードなスケジュールを語った。大峙洞で朝九時に授業がある日は、朝四時半に起床、五時からヘアメイクとスタイリングをしてもらう。六時に学院に出勤して、会議や授業の準備をこなし、九時から三時間半ずつ三回の講義を行う。夜一〇時に講義が終わると、最終会議をしてから夜中の一二時過ぎに帰宅。ふだんの睡眠時間は五時間で、授業が多い日は三～四時間だというから、イルタも決して楽ではない。

生徒たちにとって、イルタは単に勉強を教えてくれる先生ではなく、憧れの存在であり、精神的なメンターにもなる必要がある。イ・ジヨンは「いい講義をするだけではダメ。生徒を飽きさせないようにジョークや面白い話などを盛り込むし、スタイリングにも気を遣う」と言っている。

私にとってイルタは、韓国の行き過ぎた私教育を象徴する存在に思えてならない。日本の読者はどう感じるだろうか。

4　受験生は神様か？

受験生のパトカー利用

大学進学率が七割を超える韓国では、大卒はもはや基本スペックとなっていて、みなができるだけ偏差値の高い大学を目指す。日本の共通テストに当たる「修能」は、受験生個人だけでなく、その家族の人生をも左右する試験であり、修能当日は国中が大騒ぎになる。まず、受験生のためにさまざまな便宜が図られる。日本のワイドショーなどでもよく報道されるように、遅刻しそうな受験生はパトカーや白バイが会場まで送り届けてくれるし、地域によってはその市区やタクシー会社のはからいで、会場までのタクシー代が無料になることもある。バスや地下鉄など公共交通機関も、受験生のために午前六時から一〇時の間は増便される。

基本的に韓国は受験生に優しい社会なのだが、トラブルは毎年のように起きている。近年で最も衝撃的だったのは二〇一五年に起きた事件だ。

その日は修能予備招集日だった。修能の前日、試験会場へ出向いて受験票を受け取る日だ。受験生A君はタクシーで会場に向かっていたが、道が混んでいたためタクシー代が五〇〇ウォン（約五五円）足りなくなり、ここで降ろしてほしいと言った。すると、運転手はその言葉を無視し、「カネもないくせにタクシーに乗ったのか。乗車位置に連れ戻してやる」と言ってハンドルを切ったという。

A君はタクシーから飛び降りて、足首の靭帯《じんたい》を切る全治三週間の重傷を負った。受験前日にこんな事件が起きてショックだったはずだが、翌日に受けた修能はうまくいっただろうか。結局、この事件は裁判になり、運転手は懲役八か月、執行猶予二年の判決を受けた。

ほかにも、受験生を会場まで送り届けずに途中で降ろしたあげく、タクシー呼び出しサービスに対する評価を星五つにしろと強要する運転手や、受験生にお釣りを渡さない運転手など、似たような事例は枚挙に暇《いとま》がない。

これらの例からも分かるように、韓国社会全体が受験生や修能システムに寛大なわけではない。会社員たちが主なユーザーであるネット掲示板「ブラインド」には、受験生のパトカー利用について多くの不満が寄せられていた。

「大学進学は義務ではないのに、なぜ国民の税金で走るパトカーが本来の目的とは違う用途で使われているのだろうか」「試験に遅れそうなところを助けたという美談がよくニュースに出てくるけど、変だと思うのは私だけ？」「パトカーが信号無視違反をしてまで受験生を送っていくべきなのか。パトカーが追い越した車に善良な受験生が乗っているかもしれないのに」

正直、私も受験に遅れるのは自己責任ではないかと思っていたので、これらの意見を見てなんだか胸のすくような思いがした。受験生を特別視してきた韓国人の意識も、時代とともに変化してきているようだ。

軍隊よりも受験生優先

送迎に関しては日本の読者もよく知るところだろうが、韓国の受験生にはほかにもさまざまな「優遇措置」が存在する。

修能当日は、受験生や監督官、家族たちの移動に備えて、交通機関が混雑するのを避けるため、官公署や企業では出勤時間を遅らせている。普通は午前九時の出勤が、この日ばかりは一〇時以降になるのだ。いまはフレックス制度や在宅勤務を導入する企業も増えているので、ありがたみが薄れつつあるとはいえ、一時間遅い出勤は会社員にとってもうれしいので歓迎されている。

株式市場も開始時間が一時間ずれて、午前一〇時から午後四時三〇分までに変更される。同様に時間外市場も一時間遅くなる。一部の市中銀行の窓口営業も一時間ずれて、午前一〇時から午後五時までになる。

最も驚かされたのは、航空機やヘリコプターの離着陸までもが統制されることだ。英語のヒアリングテストが行われる三五分間(午後一時五分～一時四〇分)は、離着陸できないことになっていて、飛行中の場合は地上から三㎞以上の上空で待機するよう指示される。この時間帯に飛行機に乗っていた知人は「なかなか着陸できず、空中をぐるぐる旋回していた」と言っていた。

そのほか、射撃などの軍事訓練も禁止され、会場付近に軍部隊がいる場合は移動が制限される。軍隊よりも受験生が優遇されるのだ。試験会場付近では、車や電車は徐行運転を課されるし、クラクションもなるべく鳴らしてはいけない。野外イベント会場や工事現場、ショッピングモールなどでの生活騒音も静かになる。この日ばかりは、韓国社会が修能に全神経を傾けるのだ。

受験を終えたら整形手術へ?

修能にはさまざまなジンクスがある。「ワカメスープを飲んだりごま油をとると試験に滑る」「試験前に髪を切ったり洗ったりすると知識が吹っ飛ぶ」などなど。韓国語には「事がメチャクチャになる」というおかゆを使った慣用句があり、受験生にとってはおかゆを食べることもご法度《はっと》だ。

一方で、飴や餅はくっつくから受験の前に食べるとよいとされる。そのため、受験生を応援するプレゼントや合格祈願グッズとして、餅や飴が贈られることも珍しくない。最近ではオシャレなパッケージで見栄え良く飾られたものが増えて、金額も大きくなっている。贈り物にかける金額は三万～五万ウォン（約三三〇〇～五五〇〇円）のものが多い。

近年は「縁起がいいから」と、さらに高価なものも贈られるようになった。一〇〇万ウォン（約一一万円）以上もする純金の斧の模型や、数十万ウォンのゴールドバー、福の神「トッケビ」が描かれたシルバーバーなどだ。縁起担ぎのためだったのが、次第にマーケティング的な要素が大きくなってきている。

受験生の母親たちも忙しい。修能の数日前になるとお寺へ誓願に行き、一〇八拝をするのは基本中の基本だ。一〇八拝とは、両手と両膝と額《ひたい》を地に着けて仏様に礼をすること。ソウル市内にある曹渓《チョゲ》寺や奉恩《ポンウン》寺など有名なお寺へ行く人が大半だが、ソウル市南部の冠岳《クァナク》山霊珠台《ヨンジュデ》（海抜六二九メートル）へ早朝から登って拝む人も大勢いる。どこのお寺も、場所の確保ができないほど母親たちであふれかえっている。

修能の当日は試験会場前に、母親たちや後輩たちが行列を作って受験生を応援する光景が見られる。太鼓《たいこ》を叩いたり、応援ピケットを振ったり、みんなで地面にひざまずいてお祈りしたりと、完全にお祭りモードだ。そんな応援を背にして、受験生は試験会場へと向かっていく。

修能が終わったあと、受験生は自由を満喫する。韓国では、受験票を持っていればさまざまな割引を受けることができる。例えば、飛行機のチケットは二〇％前後割り引いてもらえるし、ロッテワールド、エバーランドなどのテーマパークは五〇％前後の割引、メガボックスやCGV、ロッテシネマなどの映画館では七〇〇〇ウォン（約七七〇円）で映画を見られる。スターバックスやパリバゲット、ドミノピザなど、多くの企業が割引や特典を用意する。

修能を終えた受験生たちは、企業にとって格好のマーケティング対象なのだ。日本の感覚ではにわかに信じられないが、整形手術にも修能割引が適用されるので、このときとばかりに手術を受ける生徒も多い。

ハメを外す生徒が多いことから、翌年二月くらいまでは弘大《ホンデ》や江南などの繁華街に一〇〇人以上もの学校専担警察官（スクールポリス）が配置され、事故を未然に防ぐようにしている。

ところで、修能は毎年一一月の第三木曜日に行われる。一九九四年度は金曜日、九五年度から二〇〇六年度までは水曜日に行われていたが、現在は木曜日に固定された。

これは試験用紙配送が理由だといわれる。試験会場では、市や道の教育庁から届いた試験問題を分配し検収するので、作業に時間がかかる。試験が水曜日の場合は、日曜日に配送しなくてはならないので週末勤務となってしまうし、金曜日の場合は、採点機関である韓国教育課程評価院に答案を運送するのが週末にかかってしまう。それに、試験当日の航空機も制限されるので、便数が少ない木曜日が最も都合がいい曜日と言われている。

さまざまな理由から木曜日が選ばれているのは、それだけ社会全般に対する影響が大きいことの証左だろう。韓国は、つくづく学歴や受験を重んじる社会だと痛感する。

第4章 食事から生まれる仲間意識――食と韓国

1　食が作る人間関係

挨拶がわりの「ごはん食べましたか？」

韓国人に会うと「밥《パム》 먹었어요《モゴッソヨ》？」とか「식사《シクサ》 하셨어요《ハショッソヨ》？」などと訊《き》かれる。「ごはん食べましたか？」「食事しましたか？」という意味の挨拶で、ドラマや映画でもよく出てくるセリフだ。韓国に来たばかりのころは、人に会うたびに訊かれるので、いちいち答えるのが面倒くさかったが、次第にその挨拶の意味について深く考えるようになった。

そんなに私の食事の心配をしてくれているのなら、もし私が「食べていません」「まだです」と答えたら、相手は気を遣うかもしれない。私を食事に誘わなくてはならないと義務感を抱くだろうし、早く食事に行けるよう手回しするかもしれない、と。逆にもし私が「食事した？」と訊いて、「してない」と言われたらどうしよう。「一緒に食べましょうか」と誘うべき？　でも、そんなに親しい間柄でもないし……何て言えばいい？　そんな葛藤《かっとう》が常に心の中にあった。

実は韓国人でも私と同じように困っている人がいた。ネット掲示板に「『食事しましたか』

と訊かれたら何て返答すればいいんでしょう?」「みんな『飯を食ったか』と訊いてきてしつこい」というコメントがあるのを見た。最近の若者にとっては、こう訊かれるのは負担なのかもしれない。

この挨拶は、かつて韓国が貧しかったころ、きちんとごはんを食べているのか、相手を心配した時代の名残《なごり》だ。現代では意味のない定型挨拶と言える。つまり、私の長年の葛藤は無意味だったことになる。

では結局、訊かれたらどう答えればいいのだろう? 英語の教科書に載っていそうなやり取りだが、「食事しましたか?」「ええ。あなたは?」のように返せばいい。たとえ食べていないときでも、相手は何の意味もなく言っているだけだから。

一緒に食事することが親密さの証

韓国社会では「食」が重要な要素を占めている。

韓国語には「식구《シック》」という言葉がある。漢字で「食口」と書き、ひとつ屋根の下で一緒にごはんを食べる人、つまり「家族」のことだ(旧統一教会で信者のことを「食口」と呼ぶらしいが、本来は宗教用語ではない)。韓国人にとって、同じ釜の飯を食う人は家族というわけだ。

「食」が大事だからこそ、大統領が誰と食事したのかは大きな話題になるし、ビジネスにおいても重要な役割を果たす。一緒に食事すればビジネスは加速するし、そこにお酒が加われればさらに親しさは増す。会議室の打ち合わせでしか会わなかった取引先の人物と、食事できる仲にこぎつければ大きな進展だ。それは日本でも同じかもしれないが、韓国では輪をかけて重要視される。

そういえば、韓国の会社では通勤交通費が出ないのに、昼食の食事代は出るというケースが多い。その逆はあまり聞いたことがない。食事代の出ない小さな会社の場合は、社員が弁当を持参して、みんなで分け合って食べることもある。日本のように自分の弁当を持っていくのではなく、ごはんだけ自分用の容器に入れ、おかずはタッパーやビニール袋に詰める。そのおかずをテーブルの真ん中に置いて、みんなでつつき合うのだ。

ある会社を訪問したとき、ちょうどランチの時間だったので、そのお弁当ランチに誘われたことがある。誰かが自分のごはんを少し分けてくれて、真ん中に集まった数種類のおかずを好きなようにつまんで食べた。食べものを分かち合う精神は、韓国ならではだなと感心した。日本では、親族や近所の仲良しさんでない限り考えられないだろう。

食事の風習やマナーは、日韓で異なる部分も多い。

日本でも大皿料理や鍋をつついて食べることはあるが、韓国は直箸《じかばし》が基本で、ひとつのおかずを複数人が同時につまんでも構わない。むしろ、魚の身などが引っ張ってもちぎれないときなどは、自分の箸で参戦して手伝ってあげないと、気が利かないと思われる。

また、ごはんはスプーンですくって食べるものだし、食器はテーブルから持ち上げずに食べる。こういうマナーは文化の違いと言えばそれまでだが、三〇年近く韓国に住んでもいまだに慣れない部分がある。

日韓で異なる食事作法

くちゃくちゃと音を立てて食べる人を「クチャラー」と言う。日本でクチャラーは嫌われるが、韓国には思いのほか多く、最初は私もかなり戸惑った。周囲に訊いてみると、たいていの人は「音を立てて食べるのはマナー違反だ」と答えたが、なかには「そのほうがおいしそう」という答えもあった。韓国でもクチャラーは嫌われるようだが、日本ほど敏感ではなさそうだ。

韓国で人気のある日本ドラマのひとつは「孤独のグルメ」だ。韓国人は食べることが好きだし、主人公の井之頭《いのがしら》五郎がひとりで食べている様子が韓国人にとっては新鮮で、人気が出るのも分かる。井之頭五郎の食べっぷりのよさと、きれいな食べ方を見て、韓国人も感心している。ただし、麺をすするシーンには眉をひそめる韓国人が多い。音を立ててすするのが日本文化だ、と主張してもなかなかわかってもらえない。

その反対に、韓国ドラマを見ていて俳優の食べ方に引っかかることもある。

ドラマ「39歳」（二〇二二年）は、アラフォーの仲良し三人組の友情を描いたヒューマンドラマ。「愛の不時着」（二〇一九年）でヒロインを演じたソン・イェジンの次期作として注目された。

第三話の冒頭、三人がソファに座ってアイスクリームを食べるシーンがあるが、その作法が気になって仕方がなかった。三人でひとつのアイスにスプーンを突っ込むこと、アイスをいったん口に入れてから出すこと、アイスをなめながらスプーンを口にくわえていること、アイスをくちゃくちゃと食べること、口にものが入った状態で話すこと……。しかし、たいていの韓国人は特に気にならないらしい。

韓国料理の大きな特徴のひとつは、食べる人の作業が多いことだろう。サムギョプサル（豚バラ焼肉）やカルビなどは自分で焼いてハサミで切るし（全部やってくれる店もある）、牛骨を煮込んだスープのソルロンタンや、鶏を煮込んだスープ参鶏湯《サムゲタン》は、塩やコショウを自分で入れて味を調節する。

そのため、それぞれが自分なりの食べ方やポリシーを持っていて、少しもめることがある。冷麺に載っているゆで卵をいつ食べるか、タンスユク（酢豚）のたれは付けるかかけるか、ソルロンタンにはキムチ汁を入れるか入れないか、トマトには砂糖をかけるか塩をかけるか……食にまつわる論争は挙げればきりがない。

そして、韓国人はそんな論争が大好きだ。もちろん、出身地や世代、育った環境などによって好みが分かれることは言うまでもない。

女性のお酌はご法度

「酒の味はどうだ？」

「甘いよ」

「今日一日が印象的だったってことさ」

ドラマ「梨泰院《イテウォン》クラス」（二〇二〇年）の名ゼリフで、主人公パク・セロイが父親と交わした会話だ。このセリフについて、原作者のチョ・グァンジンは次のように語っている。

「大学一年の誕生日に、山の上で垣根を作るアルバイトをしました。山の上だから携帯電話がつながらなくて。トラックの後ろに乗って山を下りると、電波が届いて、たくさんの誕生祝いのメールが急に入ってきました。とてもうれしかった。友達と早く会いたかったけれど、普段はケチな所長が肉と酒をおごってくれると言うんです。お酒は好きじゃないけれど、最初の一杯はなるべく断らないのが自分なりのルールです。飲んだら、いつもは苦いはずの焼酎《ソジュ》がやけに甘く感じました。僕にとってその日は印象的な一日でした。それでそんなセリフを書きました」

韓国の焼酎はもともと甘いから、私は苦いと感じたことがない。このインタビューを読んで「今日一日が印象的だった」の意味を知り納得できた。

韓国では酒席を共にすることは親密さの証《あかし》だが、そこでのマナーは日本以上に厳密だ。酒はまず目上の人に勧めるのが礼儀だ。座敷席では両膝または片膝をつき、テーブル席では立ったまま、必ず両手を使って注《つ》ぐ。右手で酒を持ち、左手は右手首や肘、腕などに添える。席が遠くて左手が右手首などに届かない場合は、右胸にそっと当てる。注ぐ量は多すぎても少なすぎても失礼になる。私の感覚では八割ぐらいが喜ばれる。

目上の人に注いでもらうときは、右手でグラスを持ち、グラスの底に左手を添える。酒をいただくときも注ぐときも、必ず右手を使い、左手を使ってはいけない。

乾杯するときは、相手が目上であれば自分のグラスを相手よりも下げる。飲むときは右手でグラスを持ち、左手を手首にそっと添える。後ろや横を向き、音を立てないようにして一気に飲み干す。

いかにも堅苦しいマナーだが、外国からやって来た人にはそこまで厳しく要求されないだろう。教わりながら飲み、失礼にならない程度に気を遣えばいい。

韓国の飲み会で面白いのは、酒をグラスに満たすたびに乾杯することだ。最初は不思議だったし面倒だったけれど、これに慣れてしまうと、乾杯なしでは刺激がなくてつまらなくなる。その場がシーンとしたときや沈んだ雰囲気になったときは、元気に乾杯してみんなで盛り上げるのが韓国式だ。

日本では女性が男性にお酌するのは普通だが、韓国ではご法度《はっと》なので注意が必要だ。男性にお酌する女性は水商売の人に限られている。ただし、身内やごく親しい間柄では構わない。

韓国ドラマを見ていると、お酒を楽しむシーンが頻繁に登場する。「お酌して」と女性に言って、ムッとされるシーンなどもよく描かれている。お酒の注ぎ方や飲み方など、セリフにならない部分にも関係性が現れるので、よく注意して見てほしい。

2　ラーメンに見る国民性

日韓ラーメン比較

　韓国のドラマや映画で、登場人物がラーメンをするシーンを見たことがある人は多いだろう。ラーメンは韓国人にとって欠かすことのできない食事だ。

　私が韓国でラーメンを初めて食べたのは一九九六年のこと。韓国に来たばかりの私は、日本語を教えに三か月前にソウルに来たという友人の寮に遊びに行き、近所でラーメンを食べようと誘われた。訪ねたのは「구멍가게《クモンカゲ》」という食料品から雑貨、日用品まで売っている商店で、日本語では「よろず屋」とか「雑貨屋」などと訳される店だった。

　あの店のことはいまでも鮮明に覚えている。暗くて狭い店内の土間にホコリのかぶった商品が並べられ、中央には年代物の石油ストーブが置かれていた。友人がラーメンを注文すると、店主らしきおばあさんが湯の入った大きな鍋を運んできた。それをストーブの上に置くと、インスタントの辛《しん》ラーメンを袋から取り出して鍋に入れた。

　会計の段階になって、私は再び面食らう。なんと、一杯一五〇〇ウォン。いくらなんでもラーメン一杯で一五〇円強の安さはないだろうと思ったのだ。

　そう、韓国で食べるラーメンと言えば、インスタントラーメンなのだ。いまでこそ日本の生ラーメンはソウルのどこでも食べられるが、一九九〇年代はまったく違っていた。

　私は韓国人に、日本のラーメンがいかにまずいかを延々と聞かされてきた。ある韓国人は日本のラーメンの味を「느끼하다《ヌッキハダ》」と表現していた。「しつこい、こってりしている」という意味だから、おそらく豚骨ラーメンを食べたのだろう。しょうゆラーメンも口に合わないようだ（みそラーメンや塩ラーメンはわりと好評らしい）。

　韓国人が日本のラーメンを腐《くさ》すとき、最後の締めの言葉はみんな同じで「日本のラーメンに比べて韓国のラーメンのおいしいこと！」と言う。私は心の中で「インスタントだろ？」と毒づいたものだ。

　あれから韓国のラーメン文化も大きく変化した。日本のラーメンも「おいしい」と言われるようになり、ソウルでも店が増えている。

なぜ韓国人はインスタントラーメンを割るのか？

　韓国では相変わらずインスタントラーメンの人気が根強い。最近は「Kラーメン」の輪出も絶好調で、日本のスーパーでも韓国製の袋ラーメンが陳列棚に並ぶ光景が当たり前になっている（韓国は「Kポップ」に始まり、「Kフード」「Kコスメ」など頭文字に「K」を付けて世界に売り出す傾向にある）。

二〇二三年末、弘大《ホンデ》にセルフラーメンコンビニ「CU弘大サンサン店」ができて大きな話題になった。二〇〇種類以上のインスタントラーメン（袋麺）が壁一面に並んでいると、それだけで圧倒されてしまう。韓国人はやっぱりインスタントラーメンが大好きなのだ。

好きなラーメンをレジに持っていって会計してから、ラーメン調理器に置いてゆでる。料金はラーメン代と追加の容器代九〇〇ウォン（約九九円）だから、物価高が進むソウルで安く手軽においしく食べられると評判だ。私もさっそく行ってみた。コンビニでラーメンを作りながら、一緒に行った妹に訊かれた。

「韓国ドラマを見ていると、インスタントラーメンを割ってからゆでるけどどうして？」

そう言われてみると、私も韓国に来てからは周りに合わせて麺を二つに割ってゆでていた。深く考えたことはなかったが、なぜだろう？　よく言われる理由は「麺が長いから食べやすくするため」だが、韓国のラーメンの麺が特別長いというわけでもない。では、韓国人は麺を短くしないと食べにくいのだろうか。でも、カップラーメンの場合は麺を割らずにそのままお湯を入れている。ということは、ほかに理由があるに違いない。

最近の若い韓国人は、割って入れない派が多いようだ。麺が短くなるのがイヤだし、何より、割ってゆでたら麺がのびやすくなるからだ。そこでふと思い出した。昔から韓国人はコシのある麺ではなく、ふにゃふにゃした食感を好んでいた。老舗《しにせ》の「明洞《ミョンドン》カルグクス(手打ち麺)」の麺もふにゃふにゃでやわらかい。五〇代以上の韓国人は、麺を割って水の状態からゆでて、ふやかして食べる人が多い。

あるいは韓国の「사리《サリ》文化」も、麺を割り入れることに関係している可能性がある。韓国にはチゲなど大きな鍋で煮たものをみんなで分け合う料理が多い。その鍋には「ラーメンサリ(サリ麺)」が欠かせない(「サリ」とは麺の束の意味だが、広義ではトッピング全体を指す。ジャガイモやすいとんなど、追加するものは全部「サリ」と呼ばれる)。このとき問題になるのが、「麺を割るか、割らないか」だ。麺が短くのびやすくなるので割りたくない人と、ふやかして食べたい人との間で心理戦が起こる。

「ラーメン食べにいかない?」は口説き文句

インスタントラーメンが大好きな韓国人は、工夫を凝らしていろんな食べ方をする。袋麺を粉々に割ってスープの粉末と混ぜ、スナック代わりに食べる人もいれば、袋麺の中に直接お湯を入れて超即席で食べる人も珍しくない。それだけインスタントラーメンが日常に根づき、愛されているということだろう。

「라면《ラミョン》 먹고《モッコ》 갈래《ガルレ》?」という言葉がある。そのまま訳すと「ラーメン食べにいかない?」という意味だが、実は誘い文句としても使われる。女性から男性に使うと「性関係を結ぼう」と遠回しに口説《くど》く言葉になる。このセリフは、映画『春の日は過ぎゆく』(二〇〇一年)で使われて有名になった。ただし、もともとのセリフは「라면《ラミョン》 먹을래요《モグルレヨ》?(ラーメンを食べない?)」で、いつの間にか微妙に変わってしまったようだ。

このセリフはドラマでも使われている。「太陽の末裔《まつえい》」(二〇一六年)、「最高の離婚〜Sweet Love」(二〇一八年)、「キム秘書はいったい、なぜ」(二〇一八年)、「それでも僕らは走り続ける」(二〇二〇年)、「哲仁王后《チョルインワンフ》〜俺がクイーン!?」(二〇二〇年)、「模範刑事」(二〇二〇年)、「Ｍｉｓｓナイト＆Ｍｉｓｓデイ」(二〇二四年)など、挙げればきりがない。韓国でラーメンを食べに行きたくなったときは、誘い方に気をつけたほうがいい。

ラーメンの前は、「コーヒーを飲んでいかない?」が口説き文句だった。ここで言うコーヒーも、ラーメンと同様、インスタントだった。

こうした「ダブル・ミーニング（きわどい意味を含む二重の意味を持つ語）」は韓国以外の国にもあって、アメリカでは「Netflix and chill?（ネットフリックスでも見ない？）」というスラングが有名だ。驚くべきことに、北朝鮮では「남한《ナマン》 드라마《ドゥラマ》 보고《ボゴ》 갈래《ガルレ》？（韓国ドラマを見ていかない？）」と言うらしい。それぞれ親密な関係を演出する単語が入るわけだが、それが韓国ではラーメンになるのだから興味深い。

余談だが、韓国ドラマの中に出てくるインスタントラーメンは、小さなアルミ鍋で調理され、そのまま食卓に出てくることが多い。この鍋は「양은냄비《ヤンウンネムビ》（洋銀鍋）」と呼ばれ、一人前のラーメンを作るのにちょうどいいサイズだし、熱伝導率が高いのですぐにゆであがり、麺ものびずに済む。

かわいいし味わいもあるので、この鍋を欲しがる日本人も多いけれど、健康志向の強い韓国人はこの鍋をあまり使わない。九九％以上がアルミニウムでできているので、アルミの成分が溶け出して体内に取り込まれてしまうからだ。もちろん微量であれば体外に排出されるし健康に害はないが、韓国人は健康にとても敏感な面があり、アルミホイルすら使わない人も多い。

3　最新！　韓国リアル食事情

韓国屋台の楽しみ方

韓国ドラマには屋台《ポチャ》のシーンがよく出てくる。会社でイヤなことがあったとき、失恋して悲しいとき、孤独を味わいたいとき、登場人物が屋台でひとり飲みしている。ドラマを見ながら、私も悲しいことがあったら屋台でひとり飲みしてみたいなと思っていた。

しかし、三〇年近くソウルに住んでいても、実現したことはない。いまや周りに屋台がないのだ。一九九〇年代はあちこちにあったが、当時は若かったのでひとりで行く度胸がなかった。年をとったいまならその勇気もあるが、屋台はほとんど撤去されてしまったので、鍾路《チョンノ》や南大門《ナムデムン》、麻浦《マポ》などの屋台通りに出向かなければならない。悲しみを癒《い》やしたいのに、わざわざ着替えて化粧をして電車を乗り継いでまでお酒を飲みに行く気力はない。

また、韓国で「ひとり飲み」のハードルは高い。地方在住の韓国人男性が、出張でソウルを訪れ、念願の「屋台ひとり飲み」にチャレンジしたときのこと。他のテーブルは若い男女でいっぱいで騒がしく、孤独を味わうこともできなかったそうだ。人と一緒に食事することを重んじる韓国では「おひとり様」の客は浮いてしまう。女性はなおさらで、韓国では女性がひとりで飲んでいると「男を誘っている」と思われてしまう場合もある。

それに、ソウルの物価が上がりすぎて屋台のお手頃感はほとんどなくなった。ひと昔前はどの料理も一皿一万ウォン（約一一〇〇円）程度で食べられたのに、いまや一皿一万五〇〇〇〜二万ウォン（約一六五〇〜二二〇〇円）。テーブルに座ったら最低二種類以上の料理を注文しなくてはならない店も多く、そこに焼酎やビールなどのお酒を追加したら、軽く五万ウォン（約五五〇〇円）は吹っ飛ぶだろう。クレジットカードが使えない店が多いのも面倒だ。軽く一杯やれるのが屋台の醍醐《だいごみ》味なのに、高くて面倒なら屋台に入るメリットを感じない。

以上の理由から、私はひとりで屋台へ飲みに行くことはこの先もないだろう。日本の読者にもあまりおすすめしない。

先日、女性九人で釜山《プサン》駅近くの屋台へ行ってみた。突き出しに出されたのは、にんじんスティックと練りもの炒め、マヨネーズサラダの三種類。かつてはどこの屋台に行っても、突き出しに「어묵탕《オムクタン》（韓国式おでんスープ）」が出てきたものだが、最近はあまり見られなくなった。ゆでだこが二万ウォン（約二二〇〇円）、はまぐりスープが一万五〇〇〇ウォン（約

一六五〇円）と値段はそれほど安くないが、ソウルで出される量よりもずっと多くて割安感があった。韓国の屋台は大勢で連れ立って行くのが正解だろう。

ちなみに、屋台通りのある鍾路三街《サムガ》はゲイの街としても有名だ。二〇年ほど前、出張で来た日本の外務省職員を鍾路三街の屋台に連れていったら、そこで飲んでいた韓国人やくざの親分にいたく気に入られてしまった。親分は彼をぎゅっと抱き締めて離さない。外務省の方も大柄だったので、引き離すのが大変だった思い出がある。そんな特別な出会いは屋台ならではのものだろう。

ふしぎな韓国式トースト

私が韓国式トーストと出会ったのは、現代《ヒョンデ》証券で働いていたころだった。上司から「朝食はまだだろ？　トーストを買ってきたからどうぞ」と差し出された。

当時の現代証券はわりと自由な社風で、九時に出勤して朝食を食べながら仕事していても文句は言われなかった。もしかしたら私の属していた翻訳チームが、アナリストの集まるリサーチセンターという自由な空間の隅にあったからかもしれない。

とにかく、空腹だった私はそのトーストをありがたく受け取った。そして驚いた。野菜や卵がたっぷり入っていて焼きサンドにしか見えない。私が想像していたトーストは、外はカリカリ、中はふっくらの厚切りパンに、バターやジャムをたっぷり載せたものだ。

食べてみたら思いのほかおいしかったので、どこで買ったのかを尋ねると、汝矣島《ヨイド》駅前の屋台だという。翌朝さっそく買いに行ってみた。そこは朝食用にトーストを買い求める会社員でにぎわっていた。

メニューはチーズ、ハム、野菜など数種類あった。屋台のオーナーは注文を受けると同時に、バターを塗った鉄板の上にパンを二枚置いて焼き、そのかたわらで卵焼きを作る。パンが焼けたらハムやチーズ、野菜などを置き、焼けた卵を載せてはさんで、ケチャップやソースなどをかけて出来上がり。実に手際がいい。

初めて注文したとき、私は「しまった」と思った。前日に食べたときも少し甘いなと思っていたが、なんと砂糖を大量に入れていたのだ。私は朝から甘いものを食べたくないのだが、韓国式トーストは砂糖、ジャム、蜂蜜などを入れて甘くする。そこで翌日は「砂糖抜きで」と注文した。目の前で作ってくれるので、砂糖を入れる段階で「入れないで」と言うこともできる。

韓国式トーストは屋台だけでなく、「Isaac（イサック）」などのチェーン店でも食べられる。意外と日本人にもファンが多く、日本から来た友人は「韓国式トーストが食べたい」とよく言っている。一個食べれば満腹になるし、価格も三〇〇〇ウォン（約三三〇円）からとリーズナブルなので、朝食やランチにもってこいだ。韓国にパン食のイメージはないかもしれないが、旅行で訪れる際にはぜひとも試していただきたい。

止まらない「オマカセ」ブーム

二〇二三年初頭のある日、韓国人男性の知人と寿司屋に行った。料理が出てくるまで待ちきれなかったのか、ビールで乾杯をしたとたん、彼は困った顔で「実は最近、友人たちに『お金を貸してくれ』と頼まれて、いろいろと大変なんです」と打ち明けた。

「『オマカセ』って知っていますか？」

「知っているよ。お寿司屋で板前さんに刺身とか握りとかを一任する、あれでしょ」

「そうなんですが、韓国の『オマカセ』は日本と少し違うんですよ。名前は『オマカセ』だけど、出てくるメニューも値段も分かっているから、単なる高級なコース料理みたいなものです。いまその『オマカセ』が韓国ではやっていて、女性がデートで『オマカセ食べたい』ってねだるから、男性は無理をしてでも連れていく。カードで支払うから、引き落とし日になるとお金が足りないと言って、友人が僕に泣きついてくるんです」

韓国ではデートの食事代を支払うのは男性と決まっている。女性側はデートで「オマカセ」を食べに連れていってもらって、SNSで自慢したい。いまや「オマカセ」はあちこちのお店でやっていて、そのうえ高級料理店が多いので、一〇万ウォン(約一万一〇〇〇円)や二〇万ウォン(約二万二〇〇〇円)はすぐに吹っ飛んでしまう。

男性が金欠状態に陥ってしまうのも無理はない。ネットでは「紹介してもらった女が『オマカセはいつ連れてってくれるの?』って訊いてきてウザい」「見栄《みえ》だらけの『オマカセ』ブームはいつになったら終わるんだ」「なんで男が犠牲にならなきゃならない?」など不満の声が渦巻いている。

韓国在住のジャーナリスト、ノ・ミンハさんが、こうした状況を日本の週刊誌系ウェブサイトで記事にした(「デイリー新潮」二〇二三年三月一二日)。これが韓国メディアの癇《かん》に障ったようで、韓国のテレビ局や新聞社が記事を取り上げて批判した。

ところが驚いたことに、このニュースを目にしたMZ世代(一九八一~二〇一〇年生まれのデジタルネイティブ世代)が「そのとおり! 日本の記事は正しい」と大きな声を上げた。多くの韓国人男性が、一刻も早く「オマカセ」ブームに終焉《しゅうえん》が訪れることを願っているのだ。

男性にとって地獄の「オマカセ」ブームは、次第に高級料理店から普通の食堂にも広がっていき、「イモカセ」や「ハルメカセ」なるものも出現した。イモは「おばさん」、ハルメは「おばあさん」の意味で、食堂のおばさんやおばあさんに任せる料理のことだ。

不思議な言葉を作ったものだと感心していたら、次から次へといろんな「オマカセ」が出はじめた。チャマカセ（ティー）、コマカセ（コーヒー）、プンマカセ（鯛焼き）、チマカセ（チキン）、スシカセ（寿司）、ワインカセ（ワイン）、テマカセ（豚肉）、ウマカセ（牛肉）……ひいては愛犬のための「ケマカセ」まで登場した（ケは「犬」を指す）。

この国はなんて面白いのだろう！　三〇年いても飽きない理由は、荒唐無稽《こうとうむけい》なことを真面目にやる人々のおかげかもしれない。

キムチスパゲッティはお好き？

韓国ドラマを見ていると、チヂミやプデチゲ（部隊チゲ）など数々の韓国料理が登場する。財閥などの富裕層が食事するシーンをのぞけば、韓国人が外国料理を食べている場面はそう多くないかもしれない。では、庶民的な韓国人は韓国料理しか食べないのか？　もちろんそんなことはない。ここからは韓国の外国料理事情を紹介しよう。

一九九〇年代の韓国は「韓国料理以外はまずい」と言われ、おいしいイタリアンを食べたければ、高級ホテルのレストランに行くしかなかった。ラーメンの話題でも触れたように、この時代はのびた麵が好まれていて、アルデンテのような歯応えのある状態は「芯が残っている」と嫌われたので、街のイタリアンで出されるパスタは麵がやわらかかった。地元のイタリアンで「キムチスパゲッティ」なるものを食べて以来、私は街のイタリアンには行かないことを心に決めていた。

二〇〇〇年代になると、近所のイタリアンでもアルデンテのパスタが食べられるようになってきて、現在のソウルではホテル以外でもきちんと修業したシェフの店に行けば、高レベルのイタリアンが楽しめる。もうキムチスパゲッティを食べなくても大丈夫だ。

ドラマ「梨泰院クラス」で有名になった梨泰院は、かつて米軍基地が近くにあったため洋食文化が発展し、いまでも洋風レストランやバーが多いエリアだ。近年の梨泰院はおしゃれな街に変貌《へんぼう》を遂げて、若い人や観光客が行きやすくなったし、手軽に飲める店も増えたが、昔はどんよりとした陰気な雰囲気の街だった。それでも、お気に入りのギリシャ料理店やフランス料理店があって、時々食べに行ったものだ。

最近は日本式の居酒屋も大人気だ。かつては居酒屋よりも炉端《ろばた》焼きの店が多かった。といっても、名ばかりの炉端焼きで、肉や魚を炭火で焼いて食べる本格的な店はほとんどなく、結局は「炉端焼き」という名の居酒屋ばかりだった。

私は二〇〇五年に汝矣島で居酒屋を開いたことがある。韓国人にとっては日本式居酒屋になじみが薄い時期で、いろいろと苦労したものだ。納豆は「なぜ自家製のものを出さないのか」と叱られ、揚げ出し豆腐は「大きすぎる」と説教された。「なぜキムチを出さないのか」と怒りだす人もいた。また、韓国の食堂では「ミッパンチャン」と呼ばれる常備菜がお通しとして出され、テーブルに並べられたナムルやキムチの小皿はお代わり自由で無料になっているので、お通しを何度もお代わりする客もいた。

中国料理はいまも昔も人気だ。韓国が貧しかった一九五〇年代から七〇年代、中国料理は高級料理で、卒業式などの特別な日に食べるごちそうだった。お祝いにジャージャー麵(韓国語では「ジャジャン麵」といい、中国のジャージャー麵とは違ってソースが多くて甘い)やタンスユク(酢豚)、ヤンジャンピ(野菜や海産物が入った甘酸っぱい冷菜)、カンプンギ(ピリ辛甘酢ソースの鶏から揚げ)などを食べたそうだ。これらは韓国人の口に合わせて作られた中国風料理と言える。揚げた豚肉に醬油ベースの甘いたれをかけたタンスユクは、韓国ドラマで、主人公の幼少時代を描いたシーンによく出てくる。幼少時代の思い出が詰まった料理だからか、韓国人は大人になってもタンスユクに特別な思いを抱いている人が多い。

4 キムチとチキン、二つの国民食

キムチ百花繚乱

二〇年ほど前、韓国人の観光ツアーで中国に旅行した。黄山《こうざん》(中国東部)に登り、食事の段階になって、みんなが一斉にリュックから何かを取り出した。それは、小分けにされたパックキムチだった。外国の山にまでキムチを持ってくるなんて……。韓国人のキムチ愛に驚かされる出来事だった。

キムチというと、唐辛子で赤く染まった白菜キムチが一般的だが、赤くない白キムチや水キムチもある。白菜以外にもオイソバギ(きゅうりで具材をはさんだキムチ)、カクテキ(大根キムチ)、チョンガクキムチ(ミニ大根キムチ)など、さまざまな種類がある。コッチョリと呼ばれる浅漬け、普通に漬かったキムチ、熟成キムチなど、発酵段階によって味わいも違う。

日本のみなさんは、地域によってキムチの味や風味が異なることをご存じだろうか。韓国人は、どこのキムチが好きだとか嫌いだとかの議論が大好きだ。地方別の特徴を以下にまとめてみよう。

- ソウル、京畿道《キョンギド》——宮中で作られていたキムチを中心に発達。アミや貝の塩辛など淡白なものを使い、立冬後にキムジャン(越冬のため大量にキムチを漬けること)する。薄くもなく辛すぎもしない中間の味。
- 江原道《カンウォンド》——山と海からとれる具が豊富なキムチ。生イカを細かく切ったものをアミの塩辛とあえて入れる。薄味。
- 忠清道《チュンチョンド》——アミやイシモチ、黄石魚《ファンソゴ》(キグチ)の塩辛を多めに入れ、ヤンニョム(たれ)は控えめ。ネギやセリ、発酵した青唐辛子がよく使われる。しょっぱすぎず辛すぎず、素朴《そぼく》で淡白な味わい。
- 全羅道《チョルラド》——暖かい地域なのですぐに発酵しないよう、細かくした唐辛子に塩辛を入れたヤンニョムを使う。カタクチイワシやアミの塩辛を入れ、他の地方よりしょっぱい。
- 慶尚道《キョンサンド》——全羅道同様、暖かい地域なのでニンニクや唐辛子粉、塩、塩辛をたくさん使い、辛くてしょっぱい。白菜の間に大根もあまり入れない。カタクチイワシや太刀《たち》魚《うお》の塩辛を多めに入れる。

- 済州島《チェジュド》――具やヤンニョムは少なめ。温暖な気候なので冬でも新鮮な野菜が育つ。キムジャンの必要がなく、その都度漬けて食べる。

キムチ専用冷蔵庫、登場!

かつて韓国の人々は、キムチを漬けたら甕《かめ》に入れ、土の中に埋めて保存していた。一九九〇年代半ばから高層アパートに住む人が増えると、庭がなく土に埋めることができなくなったため、冷凍庫でキムチを保管するようになった。

韓国人のキムチ保存法を一変させたのは、一九九五年末にマンド機械(現ウィニア)が発売したキムチ専用冷蔵庫だ。これが大ヒットを記録して、主婦の間で一気に広まった。

私は一九九六年三月にソウルに来たので、ちょうどキムチ冷蔵庫が広まりはじめた時期だったが、その普及を肌で感じたのは二〇〇〇年代に入ってからのことだ。引っ越し先の高層アパートに、あらかじめキムチ冷蔵庫が備え付けられていたのだ。キムチだけでなく野菜や果物、肉なども保管できる。冷蔵庫が二つあるのは便利だった。

発酵食品であるキムチは温度に敏感なので、一定の温度を保たなくてはならない。通常の冷蔵庫にキムチを入れると、発酵が早く進んだり腐ってしまったりして、適切に保管することが難しい。それに比べて、キムチ冷蔵庫には通常の冷蔵庫の二倍以上の冷却器が設置され、庫内を〇～四度と低温を維持できるばかりか、スペースごとに温度を制御するシステムを備えており、キムチの保管に最適化されている。これさえあれば、いつでも新鮮なキムチを食べることができる。

韓国人にとってのキムチ冷蔵庫は、ヨーロッパ人にとってのワインセラーと同じようなものだろう。キムチが好きでたまらないという読者は、韓国からキムチ冷蔵庫を取り寄せてはいかがだろうか。

チキンへの異常な愛情

「いままでにこんな味はなかった。これはカルビなのか、チキンなのか――」

二〇一九年に韓国で公開された映画『エクストリーム・ジョブ』の有名なセリフだ。この映画は累積観客数一六二六万四九八四人（二〇一九年四月一二日までの映画振興委員会発券統計）という大ヒットを収め、韓国の歴代興行成績で第二位となっている。

第一位は巨額の製作費をかけて作られた大作、それも韓国人が大好きなイ・スンシン（李舜臣）将軍（豊臣秀吉の朝鮮侵略を退けた李氏朝鮮の将軍）を描くシリーズ第一弾『鳴梁《めいりょう》』（二〇一四年、邦題『バトル・オーシャン 海上決戦』日本未公開）だ。第三弾まである本シリーズを押しのけての第二位、それも一位との観客数差は一五〇〇万人程度だから、軽いタッチのコメディ映画としては快挙に違いない。

映画『エクストリーム・ジョブ』は、麻薬捜査班の刑事たちが張り込みのためにチキン店を買い取ることから始まる。営業中のチキン店には客が入ってくるから、チキンを提供しなければ怪しまれてしまう。しかし、刑事たちにはチキンを作る腕がない。悩みに悩んだ末、親がカルビ店を経営しているという刑事が、カルビのたれを流用した「なんちゃってチキン」を作ってみた。これがおいしい。たまたま食べに来た客がSNSに載せるとバズってしまい、お店は大繁盛。刑事たちは息つく暇もなくチキン作りに精を出すのだが、肝心の麻薬捜査はどうするのか——というドタバタ展開の映画だ。

この映画を作ったイ・ビョンホン監督（俳優のイ・ビョンホンとは別人）はチキン愛を抑えられないのか、同じ俳優（リュ・スンリョン）を主演にして「タッカンジョン」（二〇二四年）という荒唐無稽なドラマを作った。リュ・スンリョンは、タッカンジョンになってしまった娘を元に戻そうとする父親を演じている（意味がさっぱり分からないと思うが、本当に娘がタッカンジョンになってしまうのだ)。新しいチキンの世界を切り拓《きひら》くイ・ビョンホン監督には敬意を表したい。

タッカンジョンは、揚げたチキンに水あめをたっぷり入れたたれを絡めて炒めたもの。韓国には水あめとナッツ類をからめて揚げた「カンジョン」という伝統菓子があり、これと作り方が似ているので「タッカンジョン」という名前が付いた。チキン店で食べるヤンニョムチキン(甘辛チキン)よりもずっと甘い。

韓国人にとってのチキンは、キムチと並ぶ「国民食」で、老若男女の誰からも愛される存在だ。ドラマ「星から来たあなた」(二〇一三年)のおかげで「チメク(チキン+メクチュ〈ビール〉)」という言葉が生まれて、世界的にも韓国チキンの存在が知られるようになった。ソウルの繁華街に行くと、外国人がチメクを楽しんでいる姿をよく見かける。

韓国チキンはいかに進化したか

私にはいまでも忘れられないチキンがある。一九九〇年代末頃、龍山《ヨンサン》駅の裏で食べたチキンだ。龍山は日本でいう秋葉原のような電気街として有名で、ネットショッピングが普及していなかった時代は「電化製品を買いたければ龍山に行け」と言われていた。

ある夏の日、韓国人の友人と連れ立ってパソコンを見に行った帰りに、駅裏にあるひなびたチキン店に入った。私たちは店の外に雑然と置かれた薄汚れたテーブル席に着くと、店員が運んできたキンキンに冷えたビールを喉に流し込んだ。ホップの風味がみじんも感じられないほど薄くて水っぽかったが、渇いた喉にはおいしく感じられた。

いよいよチキンが運ばれてきた。何の変哲もない、ただの丸焼きチキン。なのに、ひとくち食べて止まらなくなった。フォークを刺すと、じゅっとあふれ出る肉汁。ほどよい塩味。このとき食べたチキンは、現在は「昔風丸焼きチキン」と呼ばれ、鶏を一羽丸ごと揚げたり焼いたりするものだった。

食べやすいサイズに切られた味付きの「今風チキン」が流行《はや》りはじめたのは、一九八〇年代に「メキシカンチキン」というチェーン店ができてからのことだ。その後、「キョチョンチキン」や「BBQチキン」などの店舗が勢力を伸ばし、チキン店はポップなイメージに生まれ変わった。かつて龍山で私が訪ねたような「チキンホプ店」(「ホプ」はビールのホップに由来する)は、女性やカップルが行く雰囲気ではなかったから、隔世の感がある。

現在、韓国のチキン店はさまざまな味を取り揃えているが、たいていの店には「ヤンニョム」と「フライド」の二種類がある。「ヤンニョム」は辛味噌の味付き、「フライド」はただ揚げただけのチキンだ。両方の味を試したいときは「パンバン(半々)」で頼むといいだろう。「ヤンニョムパン、フライドパン」で出してくれる。

私が初めて「今風チキン」と接したとき、人々はそれを「KFC」と呼んでいた。韓国人の友人の家で飲んでいたときのこと。つまみが足りなくなって、「KFCを買ってこようか?」と訊かれた。近所にKFC(ケンタッキーフライドチキン)なんて見なかったけれど、どこまで買いに行くんだろうと待っていたら、彼女が買ってきたのはホイルに包まれたチキンだった。近所の店で買ってきたという。KFCというブランド名が一般名称になっていたわけだ。当時、アメリカから来たファストフードは高級なものだった。「今風チキン」をKFCと呼ぶのも、そのような憧憬《しょうけい》があったからかもしれない。

龍山のチキン店にはその後も何度か通ったが、引っ越しを重ねるうちにだんだん龍山から遠くなり、足が遠のいてしまった。そんななか、龍山電気街が再開発地域に指定されたニュースを聞いた。あのチキン店が入っていたビルは撤去され、一帯も様変わりするだろう。露店チキンを楽しんだ思い出も一緒に消えてしまうようで寂しい。

きっと多くの韓国人も、それぞれが「思い出のチキン店」を持っているはずだ。チキンは紛れもなく韓国人の国民食なのだから。

第5章 親しき仲には遠慮なし——韓国の人間関係

1　韓国社会の上下関係

人脈が物を言う社会

ドラマ「賢い医師生活」（二〇二〇年）を見ていて、大学の同期五人でいつもつるんでいられるのがうらやましいと思った。このドラマに出てくる五人は、同じ職場に全員集まることができたからとりわけラッキーなケースだろう。普通の韓国人は日々の生活に追われて、あんなに密に連絡を取り合えない。それは日本も同じだろう。

日本人と比べて韓国人に特徴的なのは、高校時代の友人との関係の濃さだと思う。周りの友人たちを見ると、高校時代の友人たちと頻繁に連絡を取り合っている人が多い。芸術高校など「特殊目的高校」と呼ばれる高校を出ると、社会人になってからもビジネスでつながるケースが多く、一般高校出身の人よりもさらに関係性が深くなるようだ。

私の周りには芸術高校出身者が多い。誰かの話をすると「高校時代の先輩だ」とか「同級生だった」などとつながって、狭い世界だと実感する。

私が韓国に来て間もないころ、仕事を通して知り合った韓国人がいる。彼は会うたびに肩書が変わっていた。大手エンターテインメント会社の重役だったり、ある政治家の秘書だったり、プロダクションの社長だったり。人脈も多く才能も豊かなので、ひとつの肩書では収まらないのだろう。政財界から芸能人に至るまで、彼に頼めばだいたいの人と連絡を取ることができた。彼はソウルの芸術高校を出て、ソウル大学を卒業し、日本への留学経験もある、エリートコースを歩んできた人物だ。その過程で人脈が作られたのだろう。

韓国社会では人脈が非常に大事で、これは昔もいまも変わらない。一概に比べることはできないが、日本よりも人脈が物を言う社会に思える。

家族間でも敬語を使う理由

以前、韓国から日本に向かう飛行機で、隣の席に座った日本人親子がお互いに敬語で話していた。私はそのとき、直感的に「本当の親子じゃないのかな?」と思った。息子のほうは高校生くらい。日本人でこのくらいの年齢の子が、母親に対して敬語で話すのをあまり聞いたことがなかったからだ。

韓国では、子どもが親に敬語を使うのはそう珍しくない。むしろ一般的だ。親も子どももお互いに敬語を使い合う。夫婦の間で敬語を使うことも多いので、家族全員の会話が敬語という家庭もある。日本の場合、敬語を使うと距離感を感じるが、韓国はたんに丁寧に話すときにも使われるので、そこまで距離感を感じない。それに韓国語は語尾に「〜ヨ（〜です）」と付ければ敬語になるので、その手軽さも影響しているのかもしれない。

このような文化の違いがあるので、ドラマや映画の翻訳をするときは非常に難儀する。字幕を付けるときに、「この親子は敬語で話しているけれど、日本人が見たらどうするのが自然なのかな」と悩む。セリフどおりに字幕も敬語にしたら、なんだかよそよそしい家族に見えてしまう。親に敬語を使うようなキャラだとか、親に遠慮している関係だとか、はたまた実子ではないかもしれないとか推測してしまうだろう。

だから字幕を付けるときは、「息子から母親は常体、父親には敬体、おばあさんには常体で……」などと、キャラや関係性に合うよう設定を決め、呼称表を作って管理する。

共訳の場合はずれが生じてしまうから、自分の作った設定を細かく書き込み、共訳者と同時に管理できるようオンライン上のスプレッドシートなどを使う。共訳者が知り合いや友人であればラインなどで随時連絡し合って、細かな設定を決める。親にビクビクしているのなら敬語で話すのを活かそう、といったように。

このように、翻訳者が「このキャラは彼氏に対しては常体で話すことにしよう」と決めて字幕を入れても、あとになってから「互いにそろそろ敬語はやめようか」というセリフが出てくることがある。すでに日本語では常体になっているので困ってしまう。韓国の敬語は翻訳者泣かせだ。

「オッパ」と呼ばれたがる男性たち

韓国社会では人間関係を築くにあたり年齢が重要な要素で、ドラマでも登場人物同士が年上か年下かを訊《たず》ねるシーンを目にする。

実際、韓国人はわりと出会ってすぐに「何年生まれか」を訊《き》き合う。相手が年上か年下かを明確にしないと、どう呼んでいいのか困るからだ。男性が女性に訊くことはあまりないが（だいぶ若い女性なら聞かれるかもしれない）、呼び方を決めるためにはどうにかして年齢を確かめる必要がある。

女性同士なら年上を「언니《オンニ》（お姉さん）」と呼び、男性同士なら年上を「형《ヒョン》（お兄さん）」と呼ぶ。女性から男性は「오빠《オッパ》（お兄さん）」、男性から女性は「누나《ヌナ》（お姉さん）」。年上から年下には「동생《トンセン》（弟・妹）」とも言うが、だいたい名前で呼ぶことが多い。自分よりも一歳でも年上なら、年上に対する呼称を使う。

年下は年上に対して絶対服従だ。年上は「オンニ」「ヒョン」「オッパ」「ヌナ」という呼称を得て威張る代わりに、食事代などを支払うことを要求される。といっても、最近は物価高で食事代も高いので、人数が多いときはたいてい割り勘だ。私はそのほうが気楽でいいと思っている。

韓国人男性は女性から「オッパ」と呼ばれたくて仕方がない。ドラマを見ていても「オッパ」と呼ばれて喜ぶ男性や、「ついにオッパと呼ばれたぞ」とうれしがる男性がよく出てきているので、まるで「オッパ」が男性に与えられる勲章のようだ。実際、年上の男性を「オッパ」と呼ぶと、みんなうれしそうだ。なぜかというと、「オッパ」には特別な意味があって、たんに年上というだけではなく、その人との関係をずっと続けていきたいと思って親しみを込めて呼ぶ言い方だからだ。

ドラマ「私の夫と結婚して」(二〇二四年)に、こんなシーンがある。仕事ができないダメ社員のキム課長は、部下のスミンに「課長」と呼ばれていたのだが、あるとき、お酒の席で目を潤ませたスミンに「オッパ」と呼ばれる。そこからキム課長の勘違いが始まる。「オッパと呼ぶのは俺に気があるからだ」というわけだ。

名前の呼び方に敏感な韓国人

ここで韓国の名前の呼び方について触れておこう。

友達同士は名前の下に「~ア」「~ヤ」を付けて呼ぶ。名前の最後に「パッチム」と呼ばれる子音があるかどうかで、「ア」になるか「ヤ」になるかが違う。例えば「カブリ」という名前の場合は母音「I」で終わっているので「カブリヤ」となり、「ソジュン」の場合は子音で終わっているので最後の「N」と「ア」を足して「ソジュナ」となる。これらは、日本語で言うと「~ちゃん」や呼び捨ての感覚に近い。

対等な関係でいながら敬称を付けたい場合は、日本の「さん」に当たる「씨《シ》(氏)」を付けて「カブリシ」「ソジュンシ」のように呼ぼう。ただし日本とは違う点があって、「さん付け」の呼び方が許されるのは、目上の人から目下の人、あるいは対等の関係にあるときだけだ。目下の人が目上の人を呼ぶときは「カブリ先生」「ソジュン先輩」「イヌ社長」のように肩書を付ける。

東方神起《とうほうしんき》のユンホが出演したことで話題になったドラマ「私たちの人生レース」(二〇一三年)は、大企業の広報室に転職したスペックゼロの主人公が、仕事や恋に奮闘するドラマだ。この企業では「〇〇部長」「〇〇社長」など役職名で呼び合っている。これは韓国社会では普通のことだ。驚いたのは最後のシーン。新しい会社にスカウトされた主人公は、その会社の社長を「イジョンさん」と呼んだのだ。保守的な役職呼びの殻を破って、新しい会社では「さん付け」になったのかもしれないが、韓国でこのような呼び方は聞いたことがなく、非常に違和感があった。

なにはともあれ、韓国で名前を呼ぶときは注意したい。恋人同士や親しい関係なら相手を「ソジュンさん」と呼んでもいいが、そうでない場合は、周りの人に誤解されるケースもある。だから、私は「オッパ」をよく使う。肩書を付けて呼ぶのはよそよそしいし、自分から壁を作っている気がするからだ。ただし、あまりに年上で親しくない男性に「オッパ」は使えないので、その場合は「会長」「社長」「先生」など肩書のみで呼んでいる。

同性間で使われる「ヒョン」や「オンニ」も、年下であれば誰でもそう呼んでいいわけではなく、相手の許可がいるので注意が必要だ。そう呼ばれた瞬間から、ただの年上ではなく疑似家族になるからだ。つまり、周囲にも「私たちは兄弟姉妹みたいなもの」と公言するような呼び方と言える。あまり親しくない場合は「オンニと呼んでもいいですか?」と訊くと「まだ早いから『先輩』にして」とか「まだ『ヒョン』ではなく肩書で呼んでください」などと断られるケースもある。韓国人は呼び方にとても敏感なのだ。

言葉遣いにはご注意を

ある日、友人のパクさんから電話がかかってきた。夜中の三時のことだった。

「いま警察署から出るとこなんだけど、明日……というか、すでに今日になってしまったけど、会うのを延期してもらえないかな」

とりあえず承諾し、約束は延期した。後日会った際に話を聞くと、高校生と乱闘事件を起こしたらしい。事の顚末《てんまつ》はこうだ。

カフェで業界仲間と打ち合わせをしていたとき、急ぎのメールを送ることになった。会社に戻る時間もなく、手元にパソコンもなかったので、近くのPC房《バン》（ネットカフェ）に入ったという。パクさんは仲間と二人で文書を作成していたが、高校生の男子六人がゲームをしながら騒いでいる。真剣に考えなくてはならないのに、うるさくて集中できない。

そこで席に座ったまま「静かにしてもらえますか」と声をかけたら、高校生たちはパクさんに向かってあらゆる罵詈雑言《ばりぞうごん》を浴びせ、ゲームを続行した。パクさんが高校生たちの席まで直接言いに行ったら、高校生が手を上げてきたので、そこから乱闘騒ぎになったという。その様子を見ていたPC房のスタッフが警察に通報して、全員警察署行きになった。

パクさんは警察官にいきさつを説明し、「自分の甥《おい》と同じくらいの年齢の子に、ため口をきかれて罵詈雑言を吐かれたら、あなたなら許せますか?」と話した。すると、警察官も「そのとおりですね」と納得し、調書に善処を求めるよう書いてくれたらしい。一か月くらいして検察から不起訴の通知が届き、この事件は一件落着した。

先ほど紹介した呼び方しかり、韓国人の多くは年齢や言葉遣いには敏感で、それは日本社会の比ではない。だからこそ、警察官も友人の肩を持ってくれたし、検察でも取り扱わなかったのだ。韓国では、年上に対して失礼な口の利き方をするのは、いかなる場合でも許されることがない。韓国を訪ねる際は注意していただきたい。

2 韓国人の仲間意識

「ウリ」を重んじる文化

韓国人は共同体意識が強い。周りに中国や日本などの強大国が存在していたため、強い連帯意識が必要だったのだろう。また、家の床をオンドル(床暖房)の構造にして定住し、農耕民族として集団生活を営んでいたことも共同意識の形成に影響していると思われる。

韓国は「우리《ウリ》」を重んじる文化だ。「ウリチプ（家）」「ウリオンマ（母）」「ウリフェサ（会社）」など、自分が属するものには「ウリ」を付けて呼ぶ。韓国語の「ウリ」は日本語で言う「うち」に相当するが、韓国の「ウリ」のほうが限定的に用いられる。

例えば、「ウリナラ」は直訳すると「私たちの国」だが、たんに自国のことを言うのではなく「韓国」を指し示す。だから日本人が「ウリナラでは……」と韓国語で言った場合、それを聞いた韓国人は必ず違和感を抱く。日本人が「わが国」の意味で使ったつもりでも、韓国人にとっての「ウリナラ」は「韓国民族の国」という意味だからだ。私も「日本」という意味で「ウリナラ」を使って、韓国人を混乱させた経験が何度もある。

韓国には「ウリ」を付けた呼び方が無数に存在する。「ウリスル」は「韓国のお酒」、つまりマッコリなどの伝統酒のことを指すし、「ウリムンファ」と言えば「韓国文化」になる。大手市中銀行「ウリ銀行」は、韓国人のウリ意識をくすぐる名前と言える。私が韓国に来た当初は「韓一《ハニル》銀行」と呼ばれていたが、一九九九年に「ハンビッ銀行」となり、二〇〇二年に「ウリ銀行」に変更して以来、すっかり定着した。初めて「ウリ銀行」という名前を聞いたとき、そんなストレートな名前を付けるのかと驚いた覚えがある。

このように、韓国人の意識の根底には「ウリ」が潜んでいるから、人間関係を築くときもこれが大事な要素になる。出会ったときに相手のことを根掘り葉掘り聞いて共通点を探し出し、自分たちは仲間だと確認する作業も「ウリ」文化に由来する。

高校や大学、職業、宗教など、どれかひとつが自分と同じだと、そこから相手は「ウリ」候補だ。地方出身者の場合、同じ故郷出身であることは最も大きなアドバンテージになるだろう。韓国人は小中高の友人らとつながっていることが多いから、出会ってすぐに親しくなってしまう。当然、そうなればビジネスでは有利に事が運ぶ。

左派か右派かという政治的イデオロギーも、韓国人と関係を結ぶうえでは重要なファクターとなる。同じイデオロギーを持っている同士であれば話も盛り上がるし、敵対する政治家を一緒に批判してとてつもない連帯感が生まれる。ただし、これは諸刃《もろは》の剣《つるぎ》だ。相手とイデオロギーが違った場合は、付き合いが断絶してしまうことがあるからだ。

日本では、人前で政治に関する話をする人は多くないが、韓国では至るところで政治談議が花を咲かせている。ご老人が食堂や酒場に集まってよく政治の話をしているが、ものにもめて大ゲンカをしている光景を何度も見た。時には流血の事態もある。保守とリベラルの二大政党が鎬《しのぎ》を削る韓国において、それぞれが抱えている政治への思いを甘く考えてはいけない。

そのため私は、新たに韓国人と知り合ったときには、相手がどんな政治的イデオロギーを抱いているのか、言葉の端々から探ったりして、さりげなく確認するようにしている。

説得したがりな国民性

政治的イデオロギーに限った話ではないが、思想的な違いが鮮明になってくると、韓国人は相手を説得しにかかる傾向が強い。自分を基準に考えて、相手が間違っていると判断するのだ。単なる知り合い程度の仲ならば、相手の意見を聞いても「へえ、そうなんだ」と聞き流すかもしれないが、親しい仲になったら説得しにかかる。

これが「ウリ」の範疇《はんちゅう》の仲だともっと大変で、より執拗《しつよう》に説得してくるはずだ。韓国人がわが子に「早く結婚して子どもを産みなさい」「そんな仕事は辞めたほうがいい」などと意見を押しつけるのも、説得したがりな国民性と「ウリ」文化のせいかもしれない。

韓国社会における疑似家族化も、連帯意識の形成に一役買っている。食堂では年配の店員を「イモ(伯母さん・叔母さん)」や「サムチョン(伯父さん・叔父さん)」などと呼ぶし、年下の友人を誰かに紹介するときは「うちの弟」「うちの妹」と言う。実の妹の場合は「本当の妹」のように「本当の」を入れないと、疑似的な妹と間違えられてしまうくらいだ。

相手に「ウリ」と認められたかどうかは、呼称からも推測することができる。「オンニ」や「ヒョン」などと呼んでもらえるか、ため口が許されるかしたら、それは「ウリ」の一員になっていると考えていいだろう。もっと分かりやすく、「ウリ金光さん」のように、名前の前に「ウリ」を付ける場合もある。

といっても、それが言葉上だけのことも少なくない。何度も一緒に食事をする仲かどうか、友達を紹介してもらえているかなどは、本当に「ウリ」と認められているかを見極める大事なポイントだろう。

「Missナイト&Missデイ」(二〇二四年)というドラマがある。二〇代の女性イ・ミジンが、昼間は五〇代に変わってしまう奇想天外なストーリーだ。

ミジンにはト・ガヨンというユーチューバーの親友がいて、彼女の家に頻繁に遊びに行くのだが、ずいぶんと図々しい印象がある。ガヨンが宣伝しようとしていた商品を勝手に持ってきてしまったり、撮影中のユーチューブに映り込んだり、その遠慮のなさは日本では考えられない。一方のガヨンもミジンをこき使ったり、「激辛豚足《とんそく》を買ってきて」とねだったりする。日本人の友人同士だったら、どんなに親しい間柄でも気兼ねくらいはするだろう。

日本人は「親しき仲にも礼儀あり」と言うが、韓国人は「親しいからこそ迷惑をかけてもいい」という意識を持つ。だから、相手も迷惑を迷惑と感じていない。ある意味、気楽ではある。

一九九〇年代のこと。語学堂（語学学校）に通う日本の友人たちは、同じ下宿にいる韓国人が、化粧水や乳液などの化粧品、部屋に置いたバッグなどを何でも好き勝手に使ってしまうと嘆《なげ》いていた。同居していた韓国人からすると、同じ釜の飯を食い、一緒に暮らしているのだから、遠慮がいらない仲だと思っていたのだろう。

人脈を広げる方法

韓国人は同好会活動が好きだ。登山や写真、ゴルフなど趣味の同好会に積極的に参加することで人と親しくなり、人脈を広げていく。ただし、趣味の同好会がビジネスにつながることはあまりない。

韓国でビジネスに役立つ人脈を作りたいなら、大学院付属の最高経営者課程に通うのが手っ取り早いだろう。企業の役員や政治家、スポーツ選手など、それなりの肩書を持っている人たちが夜間に通う教育課程だ。私も中央《チュンアン》大と漢陽《ハニャン》大のコースに通った。

大学院付属といっても、学位をもらえるわけではない。しかし、受験戦争の激しい韓国では有名大学に入るのが難しいし、いまの四〇代以上の人々が若かったころは韓国も貧しかったから、学費を払えずに進学を諦めた人も多く、そんな人にとっては疑似学生生活が楽しめる。社会的に認められないとはいえ、何もないよりは箔《はく》が付く。

大学院付属の最高経営者課程は、人脈を広げる社交サロンのような場だ。そのため入学金と授業料がとんでもなく高い。三か月コースの場合、最低三〇〇万～五〇〇万ウォン（約三三万～五五万円）。寄付金は一〇〇万～二〇〇万ウォン程度（約一一万～二二万円）を払う必要がある。期数ごとに会長と副会長、総務が選ばれ、会員たちをまとめるのだが、会長や副会長の座に就くと寄付金が一〇〇〇万ウォン（約一一〇万円）に膨れ上がる。それを支払えるのは、企業の社長や役員など、お金を持っているごく一部の人たちだ。彼らは当然のごとく特別扱いされる。

三か月間も通っていると、次第に仲間意識が芽生えてくる。講義後に宴席を設けることもあって、夜中までみんなで騒ぎ合う。同期同士の結束も強いが、先輩や後輩の会員たちとも仲間意識が強いので、すっかり「ウリ」になってしまう。人脈作りにはもってこいで、ここから仕事につながるケースも多い。

そういえば、友人が経済犯として一年間くらい刑務所に収監されていたことがある。ドラマ「刑務所のルールブック」（二〇一七年）ではないが、刑務所の中でも妙な連帯意識が生まれるらしい。友人はとても真面目な性格で、それゆえに周りにハメられて経済犯にされてしまい、それ自体は大変な不幸ではあったものの、刑務所で知り合った大金持ちの経済犯と仲良くなって、出所後は会社を作ってもらったという。

韓国人は、さまざまな場所で連帯して、いろんな人脈を作っていく。ドラマの中で韓国人がどんなふうに知り合って、どのように関係性を発展させていくのかに焦点を当てて見るのも面白いだろう。

3 「嫉妬」と「怒り」の韓国社会

嫉妬深い韓国人

韓国人はせっかちで短気なうえ、競争心があって嫉妬《しっと》深い。それを象徴するような事件が釜山《プサン》で起きた。

ある外国語高校に通う女子高生が、コンタクトレンズを目にはめたら激痛が走った。すぐにレンズを外したが、痛みは引かない。そばにいた友人に「病院に行くほどじゃないと思うから家で休んだら?」と言われたが、被害者がすぐに病院へ行くと、目に漂白剤のような有毒成分が入っていたとの診断を受けた。

学校側の調査によって、加害者は、被害者に家で休むよう言った友人だと判明した。お金持ちで美人として有名だった加害者は、自分よりも被害者のほうがきれいだという噂を聞いて、嫉妬して事件を起こしたという。事の真相が判明した後も、加害者は被害者に謝罪しなかった。それればかりか、学校の教師は被害者を呼び出し、加害者は名門大学に進学しなくてはならないから口外するなと言ったらしい。高校側から圧力がかかったのか、説得されて気が変わったのかは分からないが、警察沙汰にはならなかったようだ。

まるで漫画やドラマのようだが本当に起きた話だ。嫉妬するだけでなく、加害行為にまで及んでしまうのが恐ろしい。MZ世代(一九八一~二〇一〇年生まれのデジタルネイティブ世代)は、外的なイメージや評価に重きを置いているので、こういう事件も起こりうる。

韓国語には「おなかが痛い」という表現があり、韓国ドラマにはこの言葉が非常によく出てくる。これは「いとこが土地を買うとおなかが痛い」という慣用句に由来するもので、相手がうまくいっていると妬《ねた》ましいという意味だ。

韓国社会を理解するうえで、「嫉妬」は重要なキーワードだ。第2章で見たように、財閥やお金持ちを扱ったドラマが多いのも、嫉妬とやっかみがあるからだろう。韓国のヒューマンドラマは感情の機微が丁寧に描かれているが、恋愛ドラマとなると、財閥の人間たちと一般人のロマンスなど、急に荒唐無稽《こうとうむけい》な作品が増える。そういう作品を下支えするのも、韓国社会に渦巻く嫉妬なのかもしれない。

主張してナンボの社会

日本人二人と一緒に明洞《ミョンドン》の食堂に入ったときのこと。明洞は外国人観光客が多い街で、食堂も外国人慣れしている。日本語で話していても特に注意を向ける様子もない。通路を歩いていた店員のおばさんに《アジュマ》「温麺《オンミョン》を三つ」と注文した。温麺は温かいスープの麺料理で、出汁《だし》に味付けをし、素麺《そうめん》を加えたにゅうめん（チャンチグクス）を指すことが多い。

しばらくして料理が運ばれてきた。写真を撮ろうと、箸で中身をつまみあげると……麺が入っていない。よく見ると、入っているのは表面にぷかぷか浮いているたくさんのトック（餅）と、ちらほら見えるマンドゥ（ギョーザ）だけだ。

「これってトックマンドゥ（韓国のお雑煮《ぞうに》）じゃない？」という意見でまとまり、私が「間違ったものが来たんですけど」と指摘すると、アジュマは「トックマンドゥ三つでしょ？」と言う。「いえいえ、温麺を頼んだんですよ」と言っても、アジュマは「いや、トックマンドゥと言った」と言い張るので、隣に座っていた友人が「温麺って言うのを私も聞きました」と助け船を出してくれて、なんとか取り換えてもらえることになった。

そのとき、「もしこれが韓国語の分からない日本人観光客だったら、このまま我慢して食べるんじゃない？」という話になった。最近は優れた翻訳アプリもあるから、抗議の意思さえあれば、言葉の壁を越えて主張することができるが、多くの日本人は「まあいいか、黙ってこれを食べよう」と済ませてしまうのではないだろうか。

間違っていることはしっかり訂正しないと、相手に言われるがまま、されるがままになってしまう。そういう理不尽なことは、韓国に来てから何度もあった。

ワイン好きの私がよく飲みに行っていたワインバーでのこと。その日は駐在員の友人がごちそうしてくれると言うので、日本人女性をひとり誘って行った。「好きなものを選んでいいよ」と言われたが、ごちそうになる身で高いワインは選べない。私と友人は三万ウォン（約三三〇〇円）台の赤ワインのボトルを注文した。飲んでみると、手ごろな値段なのにおいしい。そこでボトルを手に取り、「これ、もう一本下さい」と頼んだ。

お会計の段階になって問題が起きた。全部で二〇万ウォン(約二・二万円)弱。どう考えても計算が合わない。内訳を見ると、ワイン一本に八万ウォン(約八八〇〇円)近い価格が付けられていた。私たちが頼んだのは一本三万ウォン台のワインだと言っても、「いや、八万ウォンのワインだ」と店も引かない。駐在員の友人は「いいよ、払うよ」と言ってくれたが、私は納得いかない。終電がある友人を帰して、私がひとりで闘うことになった。

あれこれ説明しても埒《らち》が明かないので、私は店内に響き渡るような大声で「いいかげんにしろ。この店はいつもこんなやり方をしているのか!」と怒鳴《どな》りまくった。お店はいろんな理由をつけて払わせようとしてくるが、私は一切受け付けず、結局こちらの主張どおりの値段で支払いを済ませた。数か月後、その店は案の定つぶれていた。

こんな経験は山ほどある。ごはんを食べに行ったら、日本語の高額料金メニューを出されることもある。だが、多くの日本人は抗議の声をあげない。「ボッても大丈夫」と思われているのかもしれない。おかしいと思ったら、なあなあで済ませずに主張しよう。主張できないときは、証拠の写真や領収書、店の名前などを控えておき、韓国観光公社に日本語で電話してみよう。他の日本人観光客が被害に遭《あ》うのを減らせるかもしれない。

「おかしい」と言うことで社会を変えていく

韓国の食堂では、出された料理について不満があれば客ははっきりと文句を言う。食べながら「飯が硬い」だの「スープが薄い」だの「おかずの味が濃すぎる」だの、その場で店員に伝える客は珍しくない。日本ではあまり見ない光景だろう。

お店側も、やわらかいごはんが炊けていれば取り換えてくれるし、スープに入れる塩や調味料を持ってきてくれる。おかずの味が濃いときは、別のおかずを持ってきてくれることもある。お店は客の不満にその場その場でうまく対応し、同じ不満が起きないよう意見を取り入れ、よりよい店へと改善する。韓国では、客が何か主張してくることを前提に、お店を回しているのだ。

このように、おかしいと思ったらはっきりとものを言うのは、韓国人の特徴だと思う。これはぜひとも見習いたいところだ。

ひとりひとりが主張することで、韓国社会は変わってきた。二〇一六年のパク・クネ（朴槿恵）大統領弾劾追訴がいい例だ。ただ嘆息《たんそく》して見過ごすのではなく、ひとりひとりが小さな声を上げた結果、パク・クネは翌一七年に職権乱用と強要の罪に問われ、大統領弾劾が成立して罷免《ひめん》された。自分たちが声を上げれば政治も変えられる。韓国国民はそのことに気づいたのだ。

ただし、行き過ぎた主張が社会に弊害を及ぼすケースもある。その最たるものがデモだろう。韓国には大規模なデモや集会が多く、ソウルの中心地・光化門《クァンファムン》では毎週末のように行われているし、鍾路《チョンノ》、明洞、南大門《ナムデムン》、恵化《ヘファ》、永登浦《ヨンドゥンポ》、龍山《ヨンサン》、汝矣島《ヨイド》などでもよく行われる。通行を制限されるバスや車は迂回《うかい》する必要があり、周辺の道路は大渋滞する。

デモや集会があると騒音がやまない。日本から来た友人も、ホテルの近くで連日デモが行われたせいで「ずっとうるさくて休まらなかった」とぼやいていた。一時的な滞在なら我慢できるが、住民たちはその騒音に苦しんでいる。

多くの韓国人の怒りを買ったのは、障害者団体がおこなった「障害者の移動権」を求めるデモだ。この団体は、障害者も地下鉄で無理なく移動できる権利を保障すべく、予算を組み込んでほしいと主張した。この主張は正しい。体の不自由な人にとって、不便のない仕組みを作るべきだ。

だが、団体のデモは方法が間違っていた。通勤・通学ラッシュ時に地下鉄のホームに横たわり、階段をふさいでしまったのだ。地下鉄の運行を邪魔し、ホームから外にも出られなくなってしまい、人々は大きな被害を受けた。医師団体が起こしたデモでは、医師の数が足りなくなって救急患者が診てもらえず、患者が亡くなってしまう例もあった。

自分たちの主張を通すために、デモや集会を行う権利は誰にでもある。しかし、何の関係もない人たちに迷惑をかけてまで、ひいては人々の命を奪ってまで自分の利益や権利を守るべきだろうか。韓国は主張をしてナンボの社会だが、これぱかりは疑問に思う。

4　韓国人の恋愛事情

ぐいぐい進める韓国人男性

私はソウルに来て、いろいろな韓国人男性と付き合った。すぐに終わってしまった恋もあれば、長く続いた恋もあった。韓国人男性たちは、日本から来た私に対して「男に従順で優しい」「性に関して開放的」などのイメージを持っていたようだった。

韓国に来たばかりのころ、私は日本語学院（スクール）で韓国人相手に日本語を教えていた。ある日、学院の廊下を歩いていたら、教室の机に座っていた男性と目が合った。男性は机から下りてすたすたと寄ってきて「先生ですか？」と訊いてきた。「そうです」と答えると、唐突に「結婚しませんか?」と言われた。意味が分からずに訊き返すと、「日本に住みたいので結婚したいです」とのことだった。

そのころの日本は、アジアの人々にとっては憧れの地だった。バブルがはじけたとはいえ、アジア諸国の中では先進国だったし、コンビニでバイトしてでも暮らしていけるくらい時給が高かった。一九九六年のソウルでは、カフェのスタッフで時給一〇〇〇〜二〇〇〇ウォン(約一一〇〜二二〇円)、高くても時給二五〇〇ウォン(約二七五円)だった。日本に行きたい韓国人は大勢いただろう。

そういうわけで、日本から来た私にはかなりのアドバンテージがあり、お断りするのが大変なほどの申し入れが来た。私が二〇代だったこともあるし、インターネットが普及していない時代だったので、日本人と知り合うチャンスが限られていたことも有利に働いた。

韓国ドラマを見ていると、女性を引っ張るような韓国人男性が目立つ。実際、韓国人男性は日本の男性と比べて積極的で強引だ。そんな姿が日本人女性には魅力的に映るようだ。

映像字幕の仕事で知り合った男性とこんなことがあった。彼とは何度か仕事で会っただけだったが、ある日、彼の会社に行ったら「新しく会社を立ち上げることにしたんだ。告祀《コサ》をするから来てくれ」と言われ、日時と住所を教えられた。告祀とは開業の際、ゆでた豚の頭を置いて事業の発展を祈る儀式で、来客は豚の口に一万ウォン(約一一〇〇円)札をくわえさせる。

告祀のこともよく知らずに行った私は、一万ウォン札を持っていなかった。どうしようと焦っていたら、彼が陰でそっと手渡してくれた。客として行ったのに、彼のお金を使う失礼をしてしまった。だが、彼が一万ウォン札を手渡してくれたのには理由があった。親戚一同が集まっているその場で、私がお金も持たずに来たと思われたくなかったようだ。告祀が終わってから、彼のお母さんに紹介された。何も知らない私はおじぎをして、「事業がうまくいくといいですね」と挨拶した。

あとで聞いた話によると、彼は私との結婚を考えていて、私をお母さんに引き合わせたかったようだ。私と彼は付き合っているわけでもなかったし、彼が私に気のあるそぶりも見せたことがなかったから、結婚を考えているとは思いもしなかった。韓国人男性の強引な一面を感じる出来事だった。

韓国人カップルは「ソゲティン」で出会う

韓国も日本と同じで、男女のどちらかが好意を抱いたら、告白をして正式に付き合うことになる。韓国の恋愛文化で告白は重要な要素だ。ドラマ「涙の女王」（二〇二四年）では、主人公のペク・ヒョヌが、元妻ホン・ヘインを「告白スポット」に連れていくシーンがある。夕焼けに照らされた肌がほんのり赤く、きれいに見える場所だ。ここでヒョヌは「離婚を取り消したい」と言う（韓国語では「離婚取り消し要請」だが、字幕にする場合は法律用語を使わずに自然な日本語にする）。これも一種の告白だ。

一般的に、韓国のカップルは「소개팅《ソゲティン》」で出会うことが多い。ソゲティンは「紹介」と「ミーティング（合コン）」を合わせた造語で、独身の男女が紹介を通じて知り合うことを指す。必ずしも結婚前提ではないのでお見合いとまでは言えないが、親のソゲティンはそれに近い。アメリカでは「ブラインドデート」と呼ばれ、ドラマ「ドクタースランプ」（二〇二四年）の日本語字幕ではそう訳されている。

三〇代のころ、私は韓国人女性三人と「うさぎ会」というグループを結成した。四人ともいのしし年生まれだったが、うさぎのようにかわいいという理由でそう名付けた。全員日本語が話せたし、私の韓国語よりもはるかに上手だったので、日本語が共通語だった。

メンバーにひとりだけバツイチの女性がいて、うさぎ会を開くたびに、彼女は自分のソゲティン談を語ってくれた。きちんと結婚したいから、いい男と出会いたいのだと。

あるとき「すごくすてきな男性と知り合えたの」と彼女が言った。私たちは友人の恋バナを聞きながらお酒を飲んだ。ところが、次のうさぎ会で「別れた」という報告を聞いた。理由は、彼氏がドケチだったからだ。デートでの食事は毎回五〇〇〇ウォン（約五五〇円）以内と決まっていたらしい。韓国ではデートでの食事は男性が支払うのが一般的だ。優しい友人は彼氏が連れていってくれるお店に文句も言えず、五〇〇〇ウォン以内で収まる店に甘んじるしかなかった。お茶代は友人が払っていたので、彼女の持ち出しが多くなってしまい、「こんなケチな男とは結婚しても不安でしょ」と交際をお断りしたという。

日本にも似たような面があると思うが、韓国では、男性が女性にどれだけお金を使うかが愛情のものさしになっている。口では愛していると言っても、五〇〇〇ウォンの食事では愛情を感じろというのは無理がある。

その友人は、その後何度もソゲティンを繰り返した。全部で二〇回くらいした。数々のソゲティンを経て、彼女は理想の男性と結婚できた。お相手は眼科医で、見た目は平凡だが、優しいし、ケチじゃない。いまは一男一女に恵まれて幸せな結婚生活を送っている。

結婚式は金儲けのチャンス？

韓国人はもともとせっかちな人が多いが、付き合ってから（「付き合う前から」とも言える）結婚までのスピードがあまりに早い。これには私も戸惑った。韓国に渡って間もないころは、「彼氏を作りた～い」などと言っていた人が、三か月後に会うと結婚していたこともよくあった。さすがに現在は、これほどのスピード婚は減ったかもしれない。一九九〇年代はキスしたら結婚という時代だったし、私は二六歳で「老処女（行き遅れ）」と呼ばれていた。それほどまでに韓国人の結婚は早かった。

私が韓国に来た一九九〇年代は、いまよりもずっと女性の地位が低かった。学歴もお金もない女性たちは、自分を美しく着飾ることで男性の目を引き、できるだけお金持ちと結婚することを目標としていた。「男は容姿よりも経済力」。これが当時の常識だった。経済力といっても大企業勤めでも給料はそれほど良くないから、親の経済力が重視された。

そうした事情はいまも変わらないようだ。私の知り合いの男性は、経済力はゼロなのに二〇歳も年下のきれいな女性と結婚した。彼の実家が裕福で、親が亡くなったら大金が転がり込んでくるからだ。

韓国人の友人が「結婚式は金儲《もう》けのチャンスだ」と言っていた。日本と違って、韓国では引き出物や高級料理を出さないから、安い結婚式場を選んでゲストをたくさん呼べば、そのぶん利益が出る。日本では挙式のあとに披露宴が行われ、招待されたゲストが指定されたテーブルに座って、コース料理を食べながら新郎新婦を祝福するのが一般的だろう。韓国の場合は、全員が見守る中で三〇分くらいの挙式が行われ、その後、ゲストは別会場に用意されている食堂へ行きビュッフェを食べる。このビュッフェがたいていおいしくない。高いコース料理にすると赤字になってしまうからだ。

韓国の結婚式は、どれだけ多くの人を集められるかが重要だ。ゲストが少ないと、本人も家族もメンツが立たなくなる。そのため韓国では、父親が年を取って定年退職する前に結婚しろと急《せ》かされることもあって、私の友人も父親が役職を引く前にと急いで式を挙げていた。

だから、韓国人は結婚を考えはじめると、あちこちのサークルや飲み会に顔を出して、結婚式に参加してもらう人をひとりでも増やそうとする。正式に日取りが決まったら、特に親しい人やお世話になっている人には前もって連絡して、自分の結婚相手を紹介しながらごちそうするのが一般的だ。

韓国の結婚式は、たんに夫婦の門出を祝う場ではない。一族の尊厳を保つためにも、この日のために全神経を注ぐのだ。現在、韓国の若者にも結婚式を挙げない人が増えているから（そもそも結婚する人も減少している）、数世代あとになれば、メンツや見栄を大事にする結婚式文化もなくなるかもしれない。

第6章 復讐は蜜の味

——犯罪と韓国

1　犯罪から見た韓国社会

ウリ文化が詐欺につながる

韓国で最も多い犯罪は詐欺《さぎ》だ。被害者は貯めたお金をすべてだまし取られ、失意と絶望のどん底に陥《おちい》り、生ける屍《しかばね》となってしまう。詐欺は、殺人と同じくらい重い罪だと思う。

日本ではインターネット詐欺が多くなっているが、韓国ではいまだに昔ながらのオフライン詐欺が横行している。第5章で見たように、韓国には「ウリ（私たち）」を大事にする文化があって、自分のテリトリー内にいる人を信じる習性がある。一度相手を信じたら、たとえその人に妙な噂があったとしても、聞く耳を持たないところがある。

韓国に詐欺事件が多い理由は、ウリ文化に加えて、だまされやすい国民性があるようにも思う。矛盾しているようだが、韓国人は疑い深いわりに信じやすい。

私が住むマンションの大家さん夫婦の話。奥さんから何度も聞かされた話によると、高位の軍人だと聞かされて結婚してみたら、実は全部嘘で無職だったらしい。奥さんはだまされた自分を恨《うら》みながら、仕方なく一緒に暮らしてきたという。ある日、旦那さんが詐欺に遭《あ》って大金をだまし取られてしまう。奥さんの実家はお金持ちだったので相当な財産があったけれど、いま残っている資産はこのマンション物件だけになった。

道で奥さんに出くわしたとき、「夫がまたどこかに出かけちゃったんだけど、友だちから詐欺話を聞いてだまされているかもしれないから見つけに行くの」と言って、近所の店をあちこち捜し回っていた。

大袈裟《おおげさ》に聞こえるかもしれないが、韓国には大家さんの旦那さんのように、詐欺のカモになってしまう人が少なくない(奥さんもそんな旦那にだまされたのだけど)。私の周りにも詐欺で全財産を失った人が何人もいる。それも昔からの友人にだまされるケースが多い。

詐欺に遭った人は、懲《こ》りずにまた詐欺に遭う。たいていは「これだけ投資すればこれだけ儲《もう》かる」という投資詐欺だ。詐欺に遭うような人はだいたい儲け話が大好きだから、次こそは本当に違いないとお金を出してしまう。自分が得た情報を善意から友人とも共有して、被害者が大量発生するケースも珍しくない。

やはりウリ文化が影響しているのだろうか。韓国に住んでもう三〇年近くになるが、これほどまでに詐欺が横行する理由が他に思い当たらない。

儲け話には弱い韓国人

韓国で二〇二四年一月に公開された映画『市民ドクヒ』は、振り込め詐欺に遭った女性が犯罪組織員からの情報を警察に提供し、元締め逮捕に貢献した実話をベースにした作品だ。

経営するクリーニング店が火事で焼けてしまったドクヒは、クリーニング工場で働きながら、銀行に融資を申請する。ある日、ソン代理という人物から電話がかかってきて、融資を受けられるようになったが、そのためには手数料が必要だと言われる。焦っていたドクヒは、友人や消費者金融から借金をして、言われた口座に送金してしまう。だが、いくら待ってもソン代理から連絡が来ない。そこでドクヒは自分が振り込め詐欺に遭ったことに気づき、すぐに警察へと向かうのだが、犯人の検挙は難しいと一蹴されてしまう。

そんなある日、ソン代理から電話がかかってきた。高額バイトだと言われて中国の青島《チンタオ》に来たが、バイトの話は真っ赤な嘘で、詐欺組織の一員として働かされている、逃げられない状況だから助けてほしいというのだ。これを受けてドクヒは、仲間と連れ立って詐欺組織の元締めを捕まえに青島へ行く——。

実話をもとにしたこの映画は、韓国社会に詐欺被害が蔓延《まんえん》しているのに、警察が何もしてくれないというもどかしさを反映しているように思う。警察がさじを投げた事件に、平凡な中年女性たちが立ち向かうという構図が痛快だ。なにより実話をベースにしているからリアリティがある。

日本がそうであるように、詐欺の手段はどんどん変化していく。

コロナ禍では、品薄状態が続くマスクを製造して一儲けしようという「マスク詐欺」が横行した。韓国語も中国語も話せる朝鮮族が、中国の機械製造会社と結託して韓国側に架空の情報を流したもので、とくに高齢男性の間で人気が出て被害が広がった。韓国中が詐欺師に弄《もてあそ》ばれたわけだ。先にも述べたように、韓国人は自分の信じたいことだけを信じるところがある。こういう儲け話にはすこぶる弱い。

韓国では昔ながらのオフライン詐欺が多いと述べたが、最近ではオンライン詐欺も増えていて、その手口も巧妙になっている。例えば、若者のあいだではアプリでの中古物品取引が盛んだが、不正送金などで金融詐欺に遭う人が多い。最高検察庁によると、二〇代の詐欺容疑者は二六・九%、二〇代の被害者は二二%で、全年代で最も高くなっている（いずれも二〇二二年の数値）。

よくも悪くも、韓国人は身内や仲間の言うことは信じてしまう。そんな国民性を狙った新たな詐欺が、これからも生まれそうで恐ろしい。

2 ドラマに描かれる韓国の闇

犯罪を描く作品が多い理由

韓国ドラマや映画は、サスペンスやミステリーなど犯罪に関わるジャンルの作品が充実している。とくに多いのは、実際の犯罪をベースにした作品で、人々の興味を呼び起こすような不可解な事件や残忍な事件が映像化されている。

そうした作品を見るだけでも、韓国社会の抱える闇が見えて興味深い。私はソウルに住んでいる利点を生かし、なるべく劇場に出向くようにしている。韓国人が映画を見てどんな反応をするのか、どんな感想を吐くのか知るためだ。

日本と同様、韓国にも未解決事件がたくさんあって、その多くが映画化されている。そのひとつが「カエル少年事件」だ。『カエル少年失踪《しっそう》殺人事件』というタイトルで二〇一一年に公開された。事件のあらましは次のとおりだ。

一九九一年三月二六日、大邱《テグ》に住む小学生五人は近くの山、臥龍《ワリョン》山へ向かう。サンショウウオの卵を採りに行き、そのまま行方不明になってしまう。それから一一年六か月も後の二〇〇二年九月二六日になって、五人は白骨死体で見つかる。

一般的に「カエル少年事件」と呼ばれているが、実際にはカエルではなくサンショウウオだ。なじみのない言葉だったのでカエルと報道されたらしい。たしかに「サンショウウオ少年事件」と言われたら、事件そのものよりも別の方向に興味が行きそうだ。

すべてが謎だらけの事件だった。事件当日、五人の少年たちと途中で出会った友達は「弾頭を拾いに行くと言っていた」と証言している。近くには陸軍の射撃場もあったので、落ちた弾頭を拾いに行ったのではないか、事件に軍が関わっている可能性もあるのではないか、という臆測も出た。しかし、この日は地方選挙の投票日で、軍も射撃訓練を行っていなかったので、この推理はのちに却下された。

犯人が見つからぬまま二〇〇六年三月二五日に公訴時効を迎え、不名誉な未解決事件として残ってしまった。遺族たちは記者会見を行い時効の延長・廃止を求めたが、その望みは叶わなかった。当時は殺人事件にも一五年という時効があったのだ。

韓国における殺人事件の公訴時効は、二〇〇七年に二五年に延長され、二〇一五年七月には時効廃止の刑事訴訟改正案が国会を通過し、末日から施行された。よって、二〇〇〇年八月以降に発生した殺人事件の公訴時効は廃止されている。日本では二〇〇五年に一五年の時効が二五年に延長され、二〇一〇年に時効が廃止されている。韓国のほうが全体的に少しずつ遅いのは、韓国が日本の刑事訴訟制度を参考にしているためだ。

この「カエル少年事件」は二度映画化されている。『カエル少年失踪殺人事件』は時効成立後の二〇一一年に作られた映画だが、事件が起きた翌年に『帰ってこいカエル少年』というタイトルで映画化されていた（日本未公開）。ポスターには「この映画を、失踪した少年の両親と三〇万の失踪家族たちに捧げる」というキャッチフレーズが書かれていて、社会の無関心さに対する警告の意味で作られたことがわかる。

一九九一年は、韓国で未解決事件が続出した年で、その多くが映画化されている。「イ・ヒョンホ君誘拐事件」は『あいつの声』（二〇〇七年）として、「華城《ファソン》連続殺人事件」は『殺人の追憶』（二〇〇三年）として映画化された（後者は二〇一九年に犯人が判明した）。

日本にも犯罪を描いた映像作品はあるが、その数で言えば韓国のほうが圧倒的に多いと感じる。ドラマや映画が単なるエンターテインメントではなく、社会問題を呼び起こすためのツールとして使われていると言えそうだ。

社会に浸透するネーミング法案

韓国で殺人罪の公訴時効が廃止されるきっかけとなったのは「大邱少年硫酸《りゅうさん》テロ事件」、通称「テワン事件」だった。韓国人なら誰もが知っている有名な事件だ。

一九九九年五月二〇日、大邱の住宅街を歩いていたキム・テワン君（当時六歳）が硫酸をかけられる事件が発生する。テワン君は顔や体の四割にⅢ度という重度の火傷《やけど》を負い、失明したうえ、気道と食道が焼けるひどいケガを負った。その後、テワン君は七週間苦しんだ末に亡くなった。

犯人らしき人物は幾度も捜査線上に挙がったが、決定的な証拠が見つからず、未解決のまま時効を迎えてしまう。世間の人々は「殺人に時効はない」と怒りの声を上げ、やがて二〇一五年の時効廃止につながった。当のテワン事件に間に合わなかったのは残念でならないが、彼の名前は韓国人の心の中で永遠に生き続けることになる。殺人事件の公訴時効廃止改正法案は、のちに「テワン法」と名付けられたためだ。

韓国には、被害者や立法に寄与した人の名前を付けた法案が多く、これらは「ネーミング法案」と呼ばれている。「テワン法」も通称だ。ネーミング法案は、どんな法律かがすぐに分かって覚えやすいし、その法律に対する関心と注目度が高まる効果もある。

ネーミング法案が韓国国民の間で広まったのは、二〇一五年に制定された「キム・ヨンラン法」だろう。正式な法律名は「不正請託および金品など授受禁止に関する法律」で、これを覚えるのは至難の業《わざ》だ。それに、正式名称を言われても何の法律なのかピンと来ないが、韓国人は「キム・ヨンラン法」と言われれば一発で分かる。この法律は、大学教授であり法曹人のキム・ヨンランが提案したことで知られる。不正腐敗の根絶を目的とし、権力者や有力者、公務員が金品を受け取ることを禁止した法律だ。

驚くべきことに、ドラマの主人公の名前がネーミング法案になった例もある。チャン・グレ法(二〇一四年一二月制定、二〇一五年一月施行)は、三五歳以上の非正規雇用契約を二年以内から四年以内に引き延ばす法律だ。賃金を正規労働者の最低賃金の八割以上にし、退職金や有給休暇など福利厚生を正規労働者と同一にするなど、非正規労働者の待遇改善を目的とする。「チャン・グレ」とは、二〇一四年放送のドラマ「ミセン」の主人公の名前だ。このドラマで非正規労働者問題が注目を浴び、法律の制定に至ったため「チャン・グレ」の名が採られている。

これらのネーミング法は、韓国では決して珍しいものではない。その多くは、国民の怒りが大きなうねりとなって立法府を動かしたものだ。ネーミング法は、声を上げることで社会を変えていこうとする「韓国らしさ」の象徴と言えるかもしれない。

情に厚く、義理に薄い人々

韓国ドラマを見ていると、裏切りをテーマにした作品が多いことに気づく。裏切りだらけのドラマといえば「私のハッピーエンド」（二〇二三年）だろう。物語は、主人公である家具会社社長兼デザイナーのソ・ジェウォンが、夫や友人、継父、会社の社員など、大切に思っていた人たちから裏切られるところから始まる。

人気ドラマ「ドクタースランプ」（二〇二四年）でも多くの裏切りが描かれている。男性主人公のヨ・ジョンウは、ある事件をきっかけとして友人にも世間にも裏切られ、女性主人公のナム・ハヌルも尊敬していた先輩から裏切りに遭《あ》う。かつて優等生だったふたりが裏切りによってどん底に陥り、そこからはい上がる過程を描く作品だ。

韓国人は、友人相手でも簡単に裏切る人が多い。韓国人にとって大事なのは情であり、義理はそれほど持ち合わせていない。義理に薄いから簡単に裏切る。でも、情があるから簡単に許されるのだ。

韓国人の友人も、よくそんなことを言っている。ひどいことをされたけれど、その後、謝ってきたから許したという。私が「なぜそんなに簡単に許せるの?」と尋ねても、「そんなに悪い人じゃないから」の一点張りだ。裏切られやすい人は優しい人が多いというのは本当かもしれない。

仕事をしていくうえでも裏切りに遭うことはよくある。

私も一度、大きく裏切られたことがある。韓国人の友人が香港映画『男たちの挽歌』(一九八六年)を韓国でリメイクしたいのだが、一〇年くらいかけても版権が取れないとボヤいていた。私が日本の友人に頼んで、香港の関係者につないでもらったところ、友人はすぐに版権を取得することができ、韓国からも日本からも巨額の投資を受けられたはずだ。

その後も私は全力で手伝ったのだが、二〇一〇年に公開されたリメイク版『無敵者』のクレジットに私の名前はなく、約束していた一五〇〇万ウォン(約一六五万円)のうち五〇〇万ウォン(約五五万円)しかもらえなかった。紹介者や仲介者のハシゴを外すような裏切りは、韓国ではよく聞く話だ。

復讐ドラマが大人気

韓国ドラマには犯罪を描いた作品が多いが、群を抜いて人気があるのは復讐《ふくしゅう》ドラマだ。

前科者の青年が仲間と飲食業界での成功を目指す「梨泰院《イテウォン》クラス」(二〇二〇年)、タクシー運転手が復讐代行人という裏の顔をもつ「模範タクシー」(二〇二一年)、いじめ被害者が計画的な復讐に人生を捧げる「ザ・グローリー」(二〇二二年)、財閥企業に抹殺された復讐を過去に戻って果たす「財閥家の末息子」(二〇二二年)など、挙げていけば本当にきりがない。

韓国では昔から復讐ドラマの人気は高かったが、復讐の仕方がいまとは異なっていたように思う。かつては配偶者の不倫や家族の死など、個人的な恨みを法律の枠組みで裁いてもらい、社会正義を具現化させる作品が多かった。たとえば、二〇〇八年に大ヒットしたドラマ「妻の誘惑」はそのひとつだろう。

一方、近年の作品では、復讐が「法律の外」で行われる。「ザ・グローリー」は高校時代にいじめに遭った主人公が加害者を破滅に導くストーリーだが、これも法に訴えるのではなく、主人公自らが鉄槌《てっつい》を下している。

韓国の法律は世界的に見てもゆるく、罪を犯しても量刑が軽いと言われる。実際、たとえ殺人を犯しても死刑になることはほとんどない。死刑制度はあるが、一九九七年以降、死刑を言い渡されて執行された例はない。

政治家にも犯罪者が多い。前科四犯の過去がある最大野党「共に民主党」のイ・ジェミヨン（李在明）代表や、疑惑がタマネギの皮をむくように次々と発覚して「タマネギ男」と呼ばれるチョ・グク（曺国）元法務部長官に対しては、多くの国民が怒りと不満を持っている。ところが、イ・ジェミョンは大統領候補になれたし、チョ・グクは新党を設立して党首の座に居座っている。このふたりだけではなく、韓国の政界には大勢の「前科付き」がいる。つまり、韓国社会そのものが犯罪や不正に対して寛容なところがあるのだ。

韓国人は一般的によほどの大罪でなければ、犯罪を軽く考える傾向にある。私のまわりにも、刑務所に入ったことのある人は複数いるけれど（軽微な犯罪や経済犯罪、暴行などの罪が多く、さすがに殺人犯はいない）、まわりの人々はその程度の罪についてはさほど気にしていない。「生きていればそういうこともあるよね」と流してしまう。

ドラマを通じて「代理満足」を得る

一方で、少なからぬ韓国人が、裁かれるべき者がきちんと裁かれず、加害者の人権が過度に守られていると不満を抱いている。第2章で見たように、暴行やパワハラが事件化しても財閥家の人が収監されることはほとんどないし、政治家は何事もなかったかのように権力者の座に居座っている。被害者の権利や感情は配慮されていないように感じてしまう。

かといって、自分たちに何かできるわけでもなく、心の中に不満を鬱積《うっせき》させるしかない。だからこそ人々は、ドラマの中で私的復讐を遂げる主人公に快哉《かいさい》を叫ぶのだ。

多くの韓国人は、復讐ドラマを通じて「대리《テリ》만족《マンジョク》（代理満足）」を得ていると言える。「代理満足」という言葉は韓国独特の表現で、自分が望んでいることを代わりに誰かが果たしてくれることを言うが、日本語にはぴったりする概念がない。韓国人は「代理満足」を通じて心を晴らすことが大好きだ。それは、ときに現実社会の事件にも見て取れる。

二〇二二年二月一日午後一一時ごろ、京畿道《キョンギド》東豆川《トンドゥチョン》市の商業ビルで、二〇歳の男性Aが高校三年生のBをナイフで六四回も刺して殺害する事件が発生した。あまりに残忍な犯行手口に、韓国社会は震撼《しんかん》した。

事件のあらましはこうだ。犯行時刻のおよそ二時間前、商業ビルのトイレから出たAは、Bの友人の肩にぶつかった。これが元でケンカとなり、AはBの仲間数人から殴る蹴るの暴行を受けた。目撃した住民が警察に通報し、一行は派出所に連行されるも、Bとその仲間たちは注意を受けて帰された。

BはAに対して「お前の両親も殺してやる」と三回以上言ったという。それもあってAは復讐を決めた。家に戻ってナイフを手に取り、Bを捜し回る。とあるビルの入り口でB

を発見すると、「俺が誰か覚えているか」と言い、隠し持っていたナイフを振りかざした。ドラマにもないような復讐劇だ。

Aは懲役一六年の判決を言い渡された。興味深いのは、この事件に対するインターネット上の反応で、「高校生を注意するだけで帰した警察が悪い」「報復犯罪を量産しているのは警察だ。警察ができない正義を具現化するために市民がやったのだ」と、Aを擁護するコメントにあふれている。

私が言うまでもないが、Aがやったことは到底許されることではない。だが、この事件にも韓国人の「代理満足」好きを見ることができるし、犯罪加害者に対する甘さが現れているようにも思う。

3　韓国の凶悪事件

女性が狙われた犯罪

韓国は総じて治安がいい。体感的には日本と同じくらいだ。先ほど紹介したような、むごたらしい殺人事件が起きることはほとんどない。

とはいえ、身の毛もよだつ恐ろしい犯罪はどんな国でも起こる。猟奇《りょうき》的な事件は、その国の社会が抱えている闇を如実に映し出す。以下では、韓国人ならば誰でも知っている事件を紹介しよう。

韓国社会を震撼させた事件といえば、「ユ・ヨンチョル連続殺人事件」(二〇〇三年から二〇〇四年)を真っ先に挙げるべきだろう。一一か月間で二〇人を殺害した猟奇殺人で、ターゲットは裕福な高齢者や風俗店に勤める人、そして若い女性たちだった。二〇〇八年にナ・ホンジン監督によって『チェイサー』というタイトルで映画化され、ネットフリックスでも二〇二一年に「レインコートキラー〜ソウル20人連続殺人事件」というタイトルでドキュメンタリーが作られた。

一九八六年から一九九一年にかけて起きた「華城連続殺人事件」も、韓国中を騒然とさせた。京畿道華城市で女性一〇人が性的暴行を受け殺害された事件だ。前述したように、二〇〇三年に『殺人の追憶』として映画化されている。監督は『パラサイト 半地下の家族』(二〇一九年)でも知られるポン・ジュノだ。

二つの事件に共通するのは、どちらも力の弱い女性を狙った犯罪ということだ。

家族間の首切り事件

これらの事件より私がぞっとしたのは、二〇一六年に起きた「始興《シフン》娘殺人事件」だ。アメリカのオカルトホラー映画『悪魔の棲《す》む家』（一九七九年）の韓国版と言える。

二〇一六年八月一九日の朝、始興市に住む父親（当時五六歳）、母親（当時五二歳）、息子（当時二七歳）、娘（当時二五歳）の四人家族の家で事件は起きた。ある朝、出勤を控えた父親がリビングが騒がしいことに気づく。行ってみると、飼っていたプードルが激しく吠えていて、妻、息子、娘はプードルに悪霊が取《と》り憑《つ》いたと信じ、殺そうとしていた。父親が叱りつけると、娘は恐ろしい目つきでにらんできたが、父親はそのまま出勤してしまう。

その後、三人はプードルを殺し、胴体と分離した頭を鍋に入れて煮た。悪霊を消すための行動だったという。一〇分後、娘が自分の首を絞《し》め始める。母親が止めに入ると、今度は母親の首を絞めようとしてくるので、母親はプードルに取り憑いていた悪霊が娘に乗り移ったと叫び、駆けつけてきた息子にナイフとハンマーを持ってくるよう指示し、二人で娘に襲いかかった。娘が死ぬと、母と息子は包丁で首と胴体を完全に切り離した。

専門家たちは共有精神病を疑った。警察の調査によると、母親の祖母は巫堂《ムーダン》（霊媒師のようなもの）で、母親も「神病《シンビョン》」を患《わずら》っていたという。神病とは「巫病《ふびょう》」とも言い、発熱、幻聴、幻覚、精神異常などの症状が現れ、神降ろしをして巫堂にならないかぎり治らないと言われる。

この一家は、キリスト教系の新宗教「エホバの証人」の信者だった。父親は長老(奉仕監督)、母親は証人、息子は援助奉仕者だ。娘だけ活動履歴が分からず、信者ではなかった可能性もあり、そのため娘だけ殺されたのではないかという説も出た。

精神的な病気が原因だったのか、宗教上の問題だったのか、その両方なのか。そして、成人している子どもたちがなぜ母親の言いなりになったのか。さまざまな疑問が湧く事件だったが、結局は分からずじまいで幕を閉じた。

息子は懲役一〇年を言い渡されたが、母親には幻覚と被害妄想の双極性障害の症状があり、判断能力や意思決定能力のない心神喪失の状態で犯行に及んだとして無罪となった(ただし治療監護所に収容し治療を受けた)。事件から三年後の二〇一九年六月、治療を終えた母親は施設を出て、以前のマンションで夫と暮らしているという。

「ガスライティング」による支配

近年、韓国では「ガスライティング」という言葉を耳にすることが多くなった。この言葉が韓国の司法機関で使われはじめたのは二〇二一年六月のことで、同時期から一年の間に一五件以上のガスライティング関連刑事事件の判決が確定している。二〇二二年六月から一年に三〇件、二〇二三年六月から二〇二四年一月までは八件だった（判決書インターネット閲覧資料）。

「ガスライティング（gaslighting）」とは、加害者が巧妙に心理操作を行うことで、被害者の思考力や判断力を失わせ、相手の自主性を奪うことを指す。端的に言えば「心理的支配」や「精神的虐待」という意味だ。先述の「始興娘殺人事件」もガスライティングと言えるかもしれない。

この言葉は、アメリカ映画『ガス燈《とう》』（一九四四年）から生まれた。妻が相続した宝石を奪うために、夫がさまざまな手法を用いて精神的に追い込んでいく過程を描いた作品で、主演のイングリッド・バーグマンがアカデミー主演女優賞を獲得した。

ガスライティングは、最終的に相手を破滅に追い込むことや、虐待によって精神的な満足感を得ること、あるいは精神的にコントロールすることを目的とする。最初から相手を圧迫するのではなく、家庭や学校、職場、友人関係など親密な関係の中で、少しずつ虐待レベルを高めながら相手の罪悪感を誘発する点が特徴だ。小さなミスでも「お前が悪い」

「間違っている」などと何度も言われると、自分が信じられなくなっていく。自尊心を失い、相手に依存するようになる。

韓国で起きたガスライティングの事件で有名なのは「加平《カピョン》渓谷殺人事件」だ。のちに「希代の悪女」と報じられるイ・ウネ（当時三一歳）は、内縁の夫チョ・ヒョンス（当時三〇歳）と共謀し、保険金目的で夫ユン・サンヨプさん（当時三九歳）を殺害した。

二〇一九年六月三〇日、イ・ウネは被害者（夫）や内縁の夫、友人の七人で京畿道加平郡にある渓谷へ遊びに行く。泳げない夫に、四メートルの高さの岩から救命胴衣などの装備もなくダイビングを強要し、夫は溺《おぼ》れ死んでしまう。ガスライティングによる間接殺人だ。

当初、捜査に当たった加平警察署は「変死」として事件を終結した。イ・ウネは夫の死亡保険金八億ウォン（約八八〇〇万円）を請求するが、保険金詐欺を疑われて支払いを拒否される。二〇二〇年三月、イ・ウネは韓国で有名なドキュメンタリー番組「それが知りたい」にメールを送る。タイトルは「大手保険会社の不法蛮行《ばんこう》を告発する」。当時、同番組では保険会社ともめている人の情報を募集していた。番組の制作スタッフは、最初、何の疑いも持たなかった。しかし、イ・ウネと何度か電話でやりとりするうちに違和感を覚えはじめたという。担当プロデューサーはこう語る。

「夫が死んだのに悲しんでいる様子が全く感じられず、淡々と事件を語っていました。渓谷に遊びに行くのに、夫の友人はなく、妻（イ・ウネ）の友人しかいなかったのも意外でしたし、決定的だったのは『内縁の夫が一緒に行った』と本人が話したことでした」

常識ではとても理解できないと、確認のために取材を始めた。二〇二〇年一〇月、この事件は番組で放送され、世間の人々の知るところとなる。そして、イ・ウネの過去が次々と明らかになった。中学生のころから売春や窃盗をしてきたこと、男たちを食いものにしてきたこと、そして過去に一度、彼氏が旅行先のタイのパタヤ海岸で溺れ死んだが、遺体を置いたまま帰国し、友人とすぐに酒場でパーティーを開いたこと……。夫ユンさんを二度も殺そうとしていたことも分かった。

「縦の関係」が事件につながる

ガスライティングの話に戻ろう。被害者のユンさんは、一五年間、大企業の研究院で働く真面目な研究員だった。二人がどこで出会ったかは定かでないが、イ・ウネがまともな職に就くはずもなく、おそらく夜の街だと推測される。二〇一六年に出会い、二〇一七年に婚姻届を出している。

不思議なことに、ユンさんとイ・ウネは結婚後も別々の家に住み、家計はイ・ウネが握っていた。ユンさんは保証金三〇〇万ウォン（約三三万円）の半地下の家で暮らし、自分が稼いだお金をすべて妻と妻の両親に送っていた。友人からお金を借りて妻の友人に送ったこともあったという。イ・ウネと出会う前は数億ウォンの貯金があったのに、結婚後は三億ウォン（約三三〇〇万円）もの借金地獄に陥っていたユンさんは、生活苦により臓器を売ることや自殺まで考えるほど追い詰められていた。経済的な面だけでなく、ユンさんは日常生活での一挙手一投足すべて、イ・ウネの許可が必要だった。立派な学歴や職業もあるまともな人だったのに、なぜ逃げられなかったのだろうか。

二人は夫婦だったが、実際にはガスライティングにより搾取する側とされる側の関係になっていた。ユンさんを徹底的に孤立させることで、イ・ウネに依存させたのだ。四メートルの岩からダイビングするよう強要したときも、ためらっているユンさんに向かって「じゃあ私が飛び降りようか」とイ・ウネが言った。その言葉を聞いたユンさんは、「自分の好きな女にやらせるわけにはいかないから自分がやる」と言ってダイビングした。

この事件は、ガスライティングに関連した事件として一般的に知られている（ただし、裁判所は正式に認めてはいない）。韓国社会にガスライティングの事件が多いのはなぜだろうか。文化的に「縦の関係」が重んじられるので、弱者が権力者にコントロールされやすいという面はあるだろう。ある人物の地位が自分よりも優位にあると考えたら、従順に従ってしまう傾向にあるので、ガスライティングの被害者になりやすいと言える。

4 性犯罪への厳しい視線

「n番部屋事件」の衝撃

先に「韓国では犯罪を軽く考える傾向にある」と述べたが、性犯罪となると話は別で、これは韓国人にとって「よほどの大罪」に当たる。女性団体やフェミニストの力が大きいこともあるが、韓国においては、性犯罪は決して許してならない犯罪というムードが漂っている。

二〇一九年から二〇二〇年にかけて、韓国ではデジタル性犯罪事件が立て続けに発生した。数十人の女性を脅迫して卑猥《ひわい》な動画を撮らせ、「テレグラム」(ロシア発の秘匿性の高いメッセージアプリ)などを使って、チャットルームで取引・流布していたのだ。なかでも代表的なのが「n番部屋事件」と「博士部屋」だろう。

これらは普通名詞化されて、まとめて「n番部屋事件」と呼ばれることが多いが、「博士部屋」と「n番部屋」は全くの別ものだ。総称するならば「テレグラム性搾取部屋事件」と呼ぶのが正しい。韓国人でも勘違いしている人が多いので、あえて書いておく。

「n番部屋事件」では「ガッガッ(神神)」と名乗る当時二四歳の大学生ムン・ヒョンウクが、一番から八番の部屋(チャットルーム)を作り、それぞれの部屋で性的動画を販売していた。八つの部屋の総称を「n番部屋」という。

これとは別に、「博士」と名乗るチョ・ジュビンが作ったのが「博士部屋」だ。部屋ごとにレベルを設けて性的動画を販売しており、高い部屋になると一五〇万ウォン(約一六・五万円)もの価格が付けられていた。被害者を「奴隷」と呼び、博士が指示するとおりの動画を撮って送らなければ、被害者の個人情報や動画を家族や知人にばらまくと脅し、女性たちを操っていた。被害者七四人のなかには、小学生や中学生の未成年者も一六人含まれていた。

加害者たちは、ツイッター(現X)を漁《あさ》って女性たちを集めた。「逸脱系(自分の体の一部をネット上に露出させること)」というハッシュタグを付けて、自分の裸や性行為、自慰行為などの写真や動画をアップしている女性たちを見つけると、警察を名乗ったうえで「あなたの掲示物が報告されているから、個人情報を入力して調査に答えるように」とメッセージを送った。

女性たちが情報を返信すると「身元を確認する」と言って、顔写真を送るよう要求。続いて全身、胸、裸の写真など、次第に要求が増していく。女性たちがおかしいことに気づいたときにはもう手遅れだ。すでに送ってしまった情報や写真などを元に脅され、言いなりになるしかない。被害者たちは精神的に追い詰められ、心を殺されてしまう。犯人たちは「間接連続殺人犯」とも呼ばれているが、そのとおりだろう。

「n番部屋事件」の摘発から二か月後の二〇二〇年五月、同様の事件を防ぐための法改正がはじまり、その一か月後には、処罰対象を広げ、被害者を保護対象とし、情報通信サービス事業者の規制を強めるなどの六つの法律がスピード改正された。しかし、「n番部屋事件」のあとも「ソウル大デジタル犯罪」や「女性版n番部屋事件」などの事件が起きている。これだけ世間を騒がせた事件のあとで、なぜ同じような犯罪が起こるのか不思議でならない。

出所した性犯罪者の監視

二〇〇二年一二月から二〇〇七年一〇月にかけて、京畿道水原《スウォン》市のマンションに侵入し、二〇代の女性一〇人に性暴力を働いたパク・ビョンファが、二〇二二年一〇月に出所した。水原の住民たちは恐れた。パクが以前住んでいた水原で暮らすおそれがあったからだ。住民たちは「連続性暴力犯の水原居住は許さない」という垂れ幕を掲げ、連日のようにデモを行った。

パクが華城市の賃貸住宅に入居することが分かると、今度は華城市の住民たちが反発する。二〇二四年五月、パクは水原市の繁華街に引っ越すが、ここでも大騒ぎとなる。

なぜパクの居場所が分かるかというと、韓国では、刑務所から出所した性犯罪者に対し、GPS機能が付いた電子足輪の装着を義務化しているからだ。その目的は、位置追跡による再犯防止だ。二〇〇八年に導入されてから効果を上げており、導入前五年間の平均再犯率は一四・一%だったのに比べ、導入後は一～二%の水準にとどまっている。二%とはいえ再犯の被害が生まれていること、電子足輪を壊して犯罪を起こすケースがあることなど、まだ課題は残っているものの、運用は日本より進んでいると言えそうだ。

韓国では「性犯罪者は決められた施設に住むべき」だという声が上がっているが、そこまでの法整備は進んでいない。八歳の女児を拉致《らち》してトイレで性暴力を働いたチョ・ドゥスン（当時七一歳）は、二〇二〇年に出所し、現在は妻とともに安山《アンサン》市に住んでいる。近隣の住人からは「自分が引っ越さなくちゃダメだな」「人は変わらないから危険だ」「新たな女児の被害者が生まれるのではないか」などの声が上がっている。

性犯罪者が出所すると、地域社会の治安を維持するために簡易派出所が設置され、二四時間監視する体制が敷かれる。パク・ビョンファの場合は、居住地の近くに警察官が八人、防犯カメラのモニタリング要員として四人が割り当てられている。付近には防犯カメラや非常ベルも設置され、パクの監視のために年間五億ウォン（約五五〇〇万円）程度の費用がかかるという。チョ・ドゥスンの監視にかかる費用は年間三億ウォン（約三三〇〇万円）程度だ（現在、チョ・ドゥスンは無断外出をしたために捕まって収監中）。

性犯罪者は、政府の女性家族部が管理する「性犯罪者お知らせｅ」というサイトで身元が公開される。住民登録番号や携帯認証などの手続きをすればログインして閲覧できるようになり、犯罪者の名前を入力して検索したり、自宅近くに性犯罪歴のある住民がいないかを確認できる。例えば、私が住む「江南区《カンナム》」で検索すると、一〇人の名前と住所が出てくる。名前をクリックすると、マグショット（写真）や名前、年齢、身長・体重、住民登録上の住所、実際の居住地、電子足輪着用の有無、性暴力の前科（罪名）と回数、性犯罪の内容などが確認可能だ。ただし、裁判所から身元情報公開命令を受けた者だけが登録されるので、重度の性犯罪者に限られていると思われる。

出所した性犯罪者が引っ越すと、近所の住人に知らせるサービスもある。満一九歳未満の児童・青少年の子どもがいる家庭にのみ、カカオトーク（SNS）で通知されるのだが、ひとり暮らしの女性などにも範囲を広げてほしいと思う。

以上のように、韓国は性犯罪者に対して総じて厳しい態度をとっていて、出所後の再犯防止策も日本より進んでいる。

二〇年越しの「私的制裁」

二〇〇四年に起きた性犯罪事件の加害者たちが、二〇年の時を経て「私的制裁」の対象となっている。

被害者は当時中学生だった女の子だ。父親はアルコール依存症で、家庭内で日常的に暴力を振るっていたため、母親は離婚して去っていった。まだ幼かった女子中学生は、インターネットでその鬱憤《うっぷん》を晴らすべくチャットをしていた。

二〇〇四年一月、長く連絡を取ってきたパク・ギボムという高校生と会う約束をする。女子中学生は蔚山《ウルサン》に住んでいたが、ギボムと会うために一時間かけて密陽《ミリャン》に行った。女子中学生と対面したギボムは鉄パイプで彼女を殴り、気絶させてからモーテルに連れていくと、高校の先輩や後輩たちを呼んで一二人で性的暴行を加えた。さらにはそのシーンを動画に撮り、誰かに話したら動画をばらまくと脅した。

その後も彼女を呼び出し、集団での性的暴行を繰り返し、金品を強奪した。さらに、彼女の姉まで呼び出して輪姦《りんかん》した。一年が経ち、さすがに耐えられなくなった女子中学生が叔母にすべてを打ち明けると、叔母は身辺保護の約束を取り付けて警察に通報した。

捜査を進めた警察は、四四人の加害者を逮捕した。しかし、被害者の身辺保護の約束が守られなかったばかりか、女性警察官が取り調べを担当するはずが男性警察官に替えられてしまう。その警察官は「故郷の密陽の水がお前のせいで濁ってしまった」と言葉を吐いたうえ、カラオケ店に行って取り調べ内容をコンパニオンに話し、「お前は被害者の女子中学生と似ている」などと発言した。また、女子中学生の前に加害者を立たせて、誰が犯人なのかを言わせたこともあったという。この事実が明らかになると、捜査チームは解体されて再編成される。

警察の対応も大問題だが、加害者の四四人が何事もなかったかのように平凡な日々に戻っていったことが衝撃だ。一〇人が起訴され、二〇人は少年院に送られたが、一四人は示談による公訴権喪失として処理された。アルコール依存症である被害者の父親が、加害者たちから五〇〇〇万ウォン（約五五〇万円）を受け取って示談にしたことが、量刑にも影響を及ぼしたと見られている。

父親の死後、母親と暮らすことにした女子中学生は、警察の非人道的な捜査について、国を相手取って訴訟を起こし勝訴した。彼女はソウルに引っ越し、ソウルの高校に通って新しい人生を歩んでいた。だが、加害者の親たちが高校の教室に入ってきて「息子を減刑するための嘆願書《たんがん》を書いてほしい」と騒いだため、高校に通えなくなり中退してしまう。その後は、アルバイトを転々としながら毎日を暮らしていたようだが――。

ドラマ顔負けの復讐劇

それから二〇年後の二〇二四年現在、加害者たちは戦々兢々《きょうきょう》とした毎日を過ごしている。なぜなら、あるユーチューバーがこの事件を取り上げ、加害者の実名や身元をひとりずつ公開しはじめたからだ。名前や顔写真にとどまらず、現在の職業や勤務先の会社名など、すべてが晒《さら》されている。改名している加害者も多いが、改名後の名前まで突き止められ、公開されてしまう。

身元が公開された加害者たちは、公開リンチに遭っているような状況だ。勤めていた会社をクビになった者、経営する店や勤務先の店が閉店に追い込まれた者、ゴルフ同好会から追い出された者など、「私的制裁」の効果は抜群だった。加害者を雇いつづけている会社があれば、ユーチューブでその旨までが知らされ、会社に批判が殺到するので、最終的に加害者は解雇された。いまになって二〇年前の社会的制裁を受けている状況だ。

婚約者が事件に関わっていたと知った女性は「破談にしました」という内容を電子掲示板に投稿した。すると、「すばらしい選択だ」「結婚する前でよかった」と、人々から次々に称賛のコメントが寄せられた。

世間が改めて憤怒《ふんぬ》したのは、加害者四四人が誰ひとりとして刑事処分を受けていなかったためである。法律がまともに機能していないなら「私的制裁」に頼るしかない。ユーチューブで身元を公開したら名誉毀損《きそん》で訴えられるかもしれないが（犯罪者に名誉という言葉を使うのも皮肉だが）、それでも公開は止まらない。ひとりのユーチューバーから始まった身元公開だが、いまでは数多くのユーチューバーがそれぞれに調査を進めて公開している。

四四人全員の身元が分かるのも時間の問題だろう。

韓国人の間では「当時まともに処罰されなかったのだから制裁を受けて当然だ」「犯罪者が分かって安心した」など好意的な反応が多い。マスメディアは「再生回数をあげてユーチューブで収益を稼ぐための活動だ」と非難するが、人々はそれを知ったうえで動画を視聴しているし、「負けるな」「公開してくれてありがとう」「弁護士費用に使って」などとコメントを付け、動画の投稿者に投げ銭をしている人が多い。五万ウォン（約五五〇〇円）、一〇万ウォン（約一・一万円）と、それなりの金額を出しているのは、悪を懲らしめてスッキリしたい人が多いのだろう。多くの韓国人は、この騒動を通じて「代理満足」を得ているわけだ。

最初の身元公開動画を見て勇気を得たというユーチューバーが、「自分は校内暴力被害者だ」として、加害者の身元を公開しはじめた。投稿者の名前は「密陽ザ・グローリー」。いじめ被害者が復讐を遂げる大ヒットドラマ「ザ・グローリー」（二〇二二年）をモチーフにした名前だ。ドラマ顔負けの復讐劇が、現実世界で実行に移されている。

その背景には「加害者が守られすぎている」という不満がある。被害者の人権を守り、世間の「知る権利」を保証するためにも、法律改正を考える時期なのかもしれない。

第7章 可視化されるジェンダー対立——女性と韓国

1　ドラマにひそむ家父長制

美しく健気に生きるヒロインたち

韓国の「イルイル（日日）ドラマ」は日本でいう昼ドラみたいなものだ。週末以外の平日に三五分前後で放送されるため、主な視聴者が高齢者や主婦層となっていて、ストーリーはほとんどがマクチャンだ。

マクチャンとは、「先のない状態」を意味する語で、ありえないことが次々に起こるドロドロ系の愛憎劇をいう。何事にも一生懸命で純粋なヒロインが、夫や彼氏に捨てられて地獄に突き落とされるも、そこからはい上がって成功し、夫や彼氏に復讐《ふくしゅう》していく――そんな展開が多い。

二〇〇八年から二〇〇九年に放送された「妻の誘惑」は、四〇％近い視聴率を記録した大ヒットドラマだ。夫の実家で暮らす貞淑《ていしゅく》な妻が夫に浮気されたうえ殺されそうになり、悪女になって復讐するという、典型的なマクチャンストーリー。私も毎晩、七時二〇分になるとテレビの前に陣取っていた。

イルイルドラマには、昔ながらの家父長的な価値観、あるいは男尊女卑の価値観がちりばめられている。結婚したヒロインは、夫の実家で暮らしながら嫁としての役割を果たす。両家の親はヒロインが男の子を産むと喜ぶ。姑《しゅうとめ》は口答えする嫁を叱り、働きに出ることを強要する。姑は自分で何もしないくせして嫁には家事までさせる——このように腹が立つほど家父長的な光景を見て、「自分の家はまだマシなほうだったんだ」「うちとは全然違う世界だな」と視聴者は安堵《あんど》するのだ。

七〇分前後で週二本、計一六話程度で放送されるミニシリーズの場合は、イルイルほど露骨《ろこつ》ではないものの、間接的に家父長制を描いている。

ミニシリーズの王道ヒロインは、美人だけど貧しくて学歴がなく、両親がそろっていないが、それでも負けずに明るくたくましく生きる強い女性だ。男性主人公はイケメンで、金持ちのうえに頭がいい。ひょんなことから知り合ったヒロインに冷たくされて、「自分をこんなにぞんざいに扱う女は初めてだ」と惹《ひ》かれていく。ヒロインは男性主人公をうざったく思うも次第に好きになる。金持ちであることを知らず、純粋な愛を育んでいくが、彼の正体を知ってしまうと「家柄が釣り合わない」と言って別れようとする。

一方、ライバルとして登場する女性は、ヒロインとは真逆の女性だ。男性主人公に釣り合うだけの立派な家柄や学歴を持つ資産家の娘で、美人ではあるが、なぜか性格が悪い。

ここで視聴者は「女にとって大事なのは、美しくて優しくて善人であること」という価値観を注入される。これも「男が優位の立場にあり、下位の立場である女性は男にかしずく存在」という家父長的な考え方に由来するのではないだろうか。

韓国ドラマに出てくる「白馬に乗った王子様」のような男性主人公を見て、「ぐいぐい引っ張ってくれて強引でステキ」と憧れる日本人女性は多く、韓国人男性との恋愛を夢見る人も少なくない。たしかに恋愛期間の韓国人男性は優しい。しかし、結婚すると長所に見えた「ぐいぐい引っ張っていく」ところが、「利己的で自分勝手」なだけだと分かり、耐えられなくなって離婚するパターンが多い。ドラマはあくまでもドラマだ。

家父長制に疑問を投げかけるドラマ

家父長的な価値観がドラマの根底に流れているのに気づかぬまま、私たちはドラマを楽しんで見ている。ただし、最近はこれを全面的に否定するドラマも増えてきた。

代表的な作品が「涙の女王」（二〇二四年）だろう。このドラマではヒロインのホン・ヘインが財閥の娘で、男性主人公のペク・ヒョヌは庶民の出だ。結婚後はヒロインの実家で暮らし、祭礼《チェレ》の準備も婿《むこ》たちがする。ヒョヌは、妻の実家で暮らすストレスに苦しみ、精神科医を訪れると、妻の家族と家でも職場でも一緒にいるのが苦しいと胸の内を吐露《とろ》する。現実の社会で女性（嫁たち）が体験している苦しみを、性別を入れ替えることによって、男性にも認識させる効果が生まれている。

ドラマ「賢い医師生活」（二〇二〇年）では、一九七〇～八〇年代世代が抱いてきた「男子崇拝《すうはい》思想」を皮肉ったシーンも見られる。

病院理事長チュ・ジョンスにはふたりの息子がいる。ある日、浴室で転んでケガをしたジョンスに、幼なじみのチョン・ロサが言う。ふたりの息子たちに連絡はしたのかと。父親のジョンスは「長男はロスに引っ越したときに携帯番号も変えてしまって連絡がつかない。ソウル在住の次男も忙しくて二か月も会っていない」と言う。これに対し、ロサは「息子に頼れとか同居しろとは言っていないが、悲しみも喜びも分かち合うのが家族じゃないか。半身不随《ふずい》で七年間も寝たきりだった母親に一度しか会いに来なかったなんて、どういう育て方をしたのよ」と責める。寂しそうな顔をするジョンス。

同じ第八話には、肝臓がんの宣告を受けた中年男性が出てくる。ジョンスと違って、この男性には付き添ってくれる妻とふたりの娘がいる。長女は会社の有休を取り、教員試験を控えている次女も父親の看病のため勉強を放って病室にいる。「（父親が心配のあまり）家族全員オールストップです」という長女の言葉が印象的だ。どんなに立派に育てても息子はあてにならない、と暗にほのめかしているわけだ。

韓国では、妊婦はおなかの子が男の子か女の子か、実際に出産するまで分からない。女の子だと分かると中絶してしまう女性が多かったため、医者が性別を教えることが禁止されているのだ。しかし、近年は男の子にこだわる人も少なくなってきたので、この制度はなくしてもいいのではないかと思う。

ちなみに、医者も人の子だから、子の性別を知りたい妊婦の気持ちは分かるのだろう。出産経験のある友人は「はっきりと教えてはくれなかったけど、遠回しに『なんかちょっと見えますねえ』と言われて、男の子だと分かった」と言っていた。

頭を悩ます姑問題

韓国女性は結婚すると、夫の実家で行われる祭礼の準備に駆り出される。前述したように「涙の女王」ではヒョヌら婿たちが準備し、ヒョヌ自身も「名節症候群《ミョンジョル》」に苦しむが、これは実際には韓国女性たちが感じる苦しみだ。

祭礼は旧正月と秋夕《チュソク》（旧暦八月一五日）の二回行われる。祭礼は早朝に行われるので、前日から材料を買い込み、嫁たちが集まって下ごしらえをする。当日も早朝から準備で忙しいが、男性たちは祭礼の儀式だけすればいいので、のんきにタバコを吸いながらおしゃべりしていることが多い。そのかたわらで嫁たちは必死でチヂミを焼く。

ご先祖様の命日を供養《くよう》する祭祀《チェサ》は、家によっては毎月行われる。命日は選べないから月に二度になることもある。私もかつて、付き合っていた男性の家の祭祀に参加したことがある。準備がものすごく大変ですっかりイヤになった。「名前も顔も知らないし、自分とは血もつながっていない人のために、なんで私がこんな苦労させられるの？」とケンカした。

その後、親族たちと議論の場を設けてもらって、「儀式のために自分の時間を使いたくない。故人や先祖を偲《しの》ぶのなら、形式にとらわれず、その人たちを想っておいしい食事をすればいいんじゃないか」と持論をぶつけた。すると、なぜかその意見が通ってしまい、それ以来、その家の祭祀はなくなり、年に二回の祭礼だけになった。まだ結婚していなかったし、嫁の立場ではなかったから言えたのかもしれない。

韓国の女性は、結婚を考えている男性の母親がどれだけ息子に執着《しゅうちゃく》しているのかを確認しろと言われる。韓国の母親と息子の関係は日本よりもずっと近く、彼女とデート中の息子に何度も電話やメッセージをする母親は少なくない。息子にべったりの母親を見て、韓国女性たちはうんざりしている。

結婚後、夫の両親と別居することになっても、夫の母親が勝手に新居に出入りする例が後を絶たない。近年、家の玄関は暗証番号式の鍵になっていることが多いが、夫が母親に暗証番号を伝えてしまうので、簡単に入ってきてしまうのだ。かつて暗証番号式ではなかったころは合鍵を手渡していた。夫婦の留守中に入りこまれて、あれこれ見られたり触れられたりするのは、妻にとっては相当なストレスだろう。

ちなみに、私の母は新婚時代、韓国人の姑にひどくいびられて暮らしていたという。新婚当時は同居していたのだが、裏庭に豚小屋があって、毎日そこの掃除をさせられた。つわりがひどいときですら休ませてくれなかったと、かなり恨《うら》んでいた。母は「絶対に韓国人と結婚しちゃダメよ。姑にいじめられるから」とよく言っていたが、結局、私にも韓国人のパートナーができた。だが、母の心配は杞憂《きゆう》だった。彼のお母さんもお姉さんふたりも、とても優しくしてくれる。

離婚を考えている韓国人夫婦は、相手の実家を理由にしていることが多い。特に五〇代以上であれば、実家との密度が濃く、さまざまなトラブルが生まれる火種となっている。そこは日本と異なる点だろう。

韓国女性が感じる生きづらさ

韓国では、とかく女は甘く見られがちだ。外国から来た私はなおさらそうだ。女であるために、飲食店でボられそうになったり、店員に邪険に扱われたりすることは、三〇年近く暮らしたいまでも頻繁にある。

先日、近所のホテルの敷地を歩いていたら「ここに入るな！」と怒鳴《どな》られた。その後、そのホテルに行ってしばらく観察したが、同じ敷地を通る男性に対しては何も言っていなかった。おそらく憂《う》さ晴らしに女性の私を怒鳴ったのだろう。

韓国人の知人には「日常生活で困ったときは必ず男性の手を借りろ」と言われている。例えば、引っ越すときに不動産会社と契約するならひとりで行くな、だまされるよ、ボッたくられるぞ、と。住居に何か瑕疵《かし》があっても、女性であればスルーされてしまうこともあるという。なにか頼みごとをするとき、男性が言うのと女性が言うのでは説得力が全然違うのは、いまも肌で感じている。

このように、家父長制が色濃く残り、姑問題も多く、女性というだけで甘く見られがちな韓国だが、それでもいまの韓国社会が「女性にとってものすごく生きづらい」とは感じない。それはおそらく、私が韓国に来た一九九六年当時と比べて、格段に女性の人権が守られるようになったからだろう。

一九九〇代後半は本当に生きづらかった。

当時は公共の場で女性がタバコを吸ってはいけなかった。うっかり吸おうものなら年配の男性たちに罵《ののし》られたり殴られたりした。だからタバコを吸いたい女性はトイレの個室にこもった。そのせいで女子トイレにはいつもタバコの煙が立ちこめていて、タバコが嫌いな私はとても苦労した。当時の癖が抜けない女性は、いまもトイレの個室でタバコを吸っている。

また、女性は酒場でお酒を飲むことがあまり多くなかった。女性だけで飲んでいると嫌みを言われたものだ。友人に「お酒を飲みに行こう」と言うと「女性だけで？」と怪訝《けげん》な顔をされたこともある。

電車で座っていると、おじいさんから杖《つえ》を投げられたこともあった。優先席でもないのに「若い女がなぜ席を譲らん！」と怒られた。理不尽だった。周りには若い男性も座っていたからだ。職場に行けば、独身女性は「ミス○○（名字）」と侮蔑《ぶべつ》の意味を込めて呼ばれていたし（私は外国から来たので少し扱いが違った）、知り合う人ごとに「さっさと結婚して子どもを産め」とおせっかいを言われた。

友人は「結婚したんだから髪の毛は短く、ちりちりパーマにしなくちゃ」と周りのおばさん《アジュマ》たちから余計なアドバイスを受けたと愚痴《ぐち》っていた。姑や小姑の言うことには絶対服従だったし、「この国の女性に人権はないの？」と当時は本気でつらかったという。

それに比べると、いまの韓国は天国のようだ。その自由は、韓国の女性たちが声を上げたことで手に入れたものだ。インターネットの発達によって、グローバルスタンダードが把握できるようになったから、男性たちも「このままではまずい」と心を入れ替えたに違いない。

もちろん、韓国社会から女性への差別が完全に撤廃されたわけではない。とくに地方は男尊女卑の思想が色濃く残る家庭が多い。ソウルはかなり進んできたほうだが、地方出身者が多いので、腹の内では「男が女より上だ」と思っている男性もいるだろう。かつて「その日の最初の客がメガネを掛けた女性だと縁起が悪い」というジンクスがあって、メガネを着用している私は、自分が最初の客ではないかと緊張しながら店に入ったものだ。

ソウルではそんなジンクスは聞かれなくなったが、地方ではタクシーの運転手の間でまだ残っているという。

女性への差別が解消されつつあるとはいえ、二〇二四年のジェンダーギャップ指数（世界経済フォーラム発表）によれば、韓国は一四六か国のうち九四位と振るわない。同じアジアのフィリピンは二五位だ。ちなみに中国は一〇六位、日本は一一八位で韓国より低い。

2 急進化するフェミニズム

男女共用トイレで起きたフェミサイド

日本で男女区分のない共用トイレが増えているという記事を目にした。韓国では、もともと男女共用トイレが多かった。韓国の商業ビルでは店内にトイレが設置されていることが少なく、ビルの共用トイレを借りるケースが多い。古いビルの場合は、トイレも狭くて薄暗い。ひとりで行くときは、韓国生活に慣れた私でも怖い。

共用トイレを使う場合は、店からトイレの鍵を借りる（最近は電子ロックの番号を聞くことが多い)。盗撮事件が多いので、共用トイレの場合はいろいろと注意を払っている。深夜であれば、絶対にひとりで行かないし、友達にもひとりで行かせない。

二〇一六年に起きた殺人事件も、男女共用トイレで起きてしまった。五月一七日午前一時二五分ごろ、ソウル市内の商業ビルの男女共用トイレで、二三歳の女性が複数回刺されて殺されたのだ。被害者の女性は、彼氏や友人たちの数人でカラオケ店にいた。途中トイレに立った被害者がなかなか戻ってこないのを不審に思った友人が捜《さが》しに行って、悲劇を目撃することになる。

世間では「江南《カンナム》トイレ殺人事件」などと称されているが、正確には江南区ではなく隣の瑞草《ソチョ》区だし、江南駅ではなく新論峴《シンノニョン》駅に近い。事件が起きたビルの一階は飲食店、二階はカラオケ店。現場は一階から二階に上る階段の中間に設置された男女共用トイレだった。犯人は三四歳のキム・ソンミンという男で、被害者とは面識がなかった。キムは共用トイレの男性用スペースで一時間半も待ち伏せし、最初に入ってきた女性を殺したのだった。警察が防犯カメラで確認したところ、事件を起こすまでに六人の男性が出入りしていて、彼らに危害が加えられることはなかった。

この事件は後日さまざまな論議を呼んだ。その理由は、犯人が「女性たちに見下されたから殺した」と供述したからだった。

この供述が報道されると、「女性嫌悪」による無差別殺人だと女性団体が立ち上がる。江南駅一〇番出口には追悼《ついとう》の場が設けられ、数千枚の付箋《ふせん》のメッセージと多くの花束が寄せられた。メッセージには「私は運が良かっただけ」「殺されたのは私だったかもしれない」「女性をもう殺すな」など、女性たちの想いが書かれていた。

拡大する「男女の分断」

この事件がきっかけとなって、フェミニズムに目覚めた韓国人女性は多い。「男性嫌悪」論争が起きて、「メガリアン」という過激なフェミニスト集団まで誕生するに至った。

殺人犯は重度の統合失調症を病んでいて、事件までに六回も入院治療を受けていたという。動機は「女性嫌悪」と言われているが、実は警察の発表は異なる。各界の専門家からもさまざまな見解があり、けっして「女性嫌悪」という単純な問題ではないのに、過激なフェミニストたちはそう決めつけてしまった。

事件の六日後、追悼の場にピンクの象の着ぐるみを着た男が現れて、騒然となった。象男は「肉食動物が悪いのではなく、犯罪を起こす動物が悪いのだ。先入観のないズートピア、大韓民国。現在世界で治安は一位だが、より安全な大韓民国を男女ともに作ろう」と書かれたホワイトボードを手に持って歩いた。これを見た女性は激しく抗議し、着ぐるみを引っ張るなど暴力を振るう。

被害者を悼《いた》む場に、それも「女性嫌悪」が動機ともされる男に殺されたのに、男性の象徴を彷彿《ほうふつ》とさせる象の着ぐるみで現れるとは、さすがに女性たちの神経を逆《さか》なでした。象男は後日、メディアに診断書を見せて、暴力を振るったり侮辱《ぶじょく》したりした市民を告訴すると述べていた。

痛ましい事件だが、これがきっかけとなって、韓国では「男女の分断」が広がってしまったように思う。そこが残念でならない。

事件後、現場トイレは男子専用トイレになり、上の階に女子トイレが新設された（二〇二二年七月に現場ビルは解体）。韓国では、この事件以降「男女のトイレを分けよう」という動きが広がっている。日本とは逆の動きだ。

韓国フェミニズムが歩んだ道

韓国で最初のフェミニストと言われるのはナ・ヘソク（羅蕙錫、一八九六～一九四八）だ。

朝鮮最初の女性西洋画家であり、最初の近代女性作家として知られている。ナ・ヘソクは日本併合時代だった一九三四年、雑誌「三千里」に「離婚告白状」というタイトルの小説を寄せる。「朝鮮の男性はおかしい。自分には貞操観念が無いくせに、妻や一般女性には貞操観念を押しつけ、ひとの貞操を奪おうとする」と書き、利己的な男たちを非難したのだ。

当時の朝鮮は厳格な家父長制で、女性は自由に結婚できないばかりか、女性から離婚を言い渡すことすらできなかった。朝鮮時代から続く「三従之道」「七去之悪」という儒教の思想が残っていたからだ。

「三従之道」は女性が従うべき三つの道で、嫁《とつ》ぐ前は父に、嫁いだ後は夫に、老いては子に従うとする教えだ。「七去之悪」は夫が妻と離婚できる七つの理由で、「義父母の言うことを聞かないこと」「子のないこと」「淫乱《いんらん》であること」「嫉妬《しっと》深いこと」「悪い病気があること」「おしゃべりなこと」「盗みをすること」をいう。いずれかの理由が当てはまれば、夫から離縁されても仕方ないという考えだ。

一九七七年、梨花《イファ》女子大学に「女性学講義」が開設されると、多くの大学も続いた。八九年末には全国四二の大学に開設され、大学内の女性運動が始まり、女性やマイノリティの人権団体が登場する。女性運動はＰＣ通信に活動の場を広げていき、「フェミニズムの天国」「女性学同好会」などのコミュニティが生まれた。インターネットの時代になると、「イルダ」などフェミニズムジャーナルも現れる。

二〇一〇年後半になると、さまざまな事件を通してフェミニズムが注目されるようになる。一五年一月に「キム君」という男性が「フェミニズムが嫌いだからＩＳに加わる」とツイッター（現Ｘ）に投稿してトルコで失踪。同年二月には「ＩＳよりも無能児的なフェミニズムのほうが危険だ」というコラムがファッション雑誌「ＧＲＡＺＩＡ Ｋｏｒｅａ」に掲載された。八月には過激な「メガリア」というサイトが立ち上がり、「女性嫌悪」のミラーリングとして「男性嫌悪」の投稿が繰り返された（性的少数者まで愚弄《ぐろう》したとして批判が高まり、一七年に閉鎖）。

二〇一六年一月には「メガリア」から派生した「ウォマド（ＷＯＭＡＤ）」というサイトが登場。ラジカルフェミニズムを主張し、女性優越主義と「男性嫌悪」を標榜《ひょうぼう》した。

江南トイレ殺人事件が発生したのは、こうした動きが出たのち、二〇一六年五月のことである。女性たちは追慕《ついぼ》のために街でデモをした。同時期、韓国社会における女性の生きづらさを描いた小説『82年生まれ、キム・ジヨン』がベストセラーとなった。一七年には世界的に#MeToo運動が始まり、ムン・ジェイン（文在寅）政権下で次から次へとセクハラが暴露《ばくろ》されていく。

西洋では数世紀をかけて広まったフェミニズムが、韓国では短期間で一気に浸透《しんとう》した。そのせいだろうか、本来の「女性への差別をなくそう」「女性の地位を上げよう」「男女平等」という趣旨から少しずつ外れて、運動が急進化している印象を受ける。

「フェミ政党」のスキャンダル

第5章でも述べたように、韓国では政治的イデオロギーを明確に持っている人が多く、社会的な争点になることも少なくない。韓国のフェミニストには左派支持層、親北勢力と重なる構図があり、時に政治家を巻き込んだスキャンダルが起きる。

かつてムン・ジェイン大統領は、就任前に「フェミニスト大統領になる」と宣言した。それに伴い、当時の与党「共に民主党」も「フェミ政党」を宣言した。ところが、#MeToo運動が起こり、ふたを開けてみたら、地方のトップがセクハラまみれだったことが発覚したのだ。忠清南道《チュンチョンナムド》知事のアン・ヒジョン（安熙正）、釜山《プサン》市長のオ・ゴドン（呉巨敦）、ソウル市長のパク・ウォンスン（朴元淳）らがセクハラで告発された（肩書はいずれも当時）。

韓国国内だけでなく、駐ニュージーランド韓国大使館でもセクハラ問題が起きた。つまり、口では「フェミ政党」と言いながら、現実は逆を行っていたわけだ。韓国の人々は戸惑いを隠せなかった。

とくにパク・ウォンスン市長のセクハラ問題が発覚したときは、韓国中が驚いた。人徳があり政治手腕に長《た》け、非常に人気が高かったパク・ウォンスン市長は、反対陣営の保守派ですら「彼は別格」と褒《ほ》めたたえるほどの人物だった。しかし、結局はセクハラ問題を苦にしてか自殺してしまった。

パク・ウォンスン市長を悼《いた》むフェミニストたちは「ひとつ過ちがあったからといって、過去の功績まで帳消しにすべきではない」と声明を出した。すると、今度は反フェミニズム陣営が「それなら動物保護法を作った功績があるヒトラーはどうなる」と言い返し、市長の死後も論争は続いた。このように、韓国ではフェミニズムをめぐる対立が絶えない。

前述したように韓国はラジカルフェミニズムの傾向が強く、極端な部分がある。ある女性は「メイクをしたらフェミニストの友達に『男のために着飾るなんておかしい』」と強く責められ、同性だけどフェミニストが嫌いになった」と心情を吐露していた。

私も男女は平等であるべきだと思っているから、広い意味ではフェミニストと言える。

しかし、いまの韓国のフェミニズムは極端すぎて、「男性嫌悪」と「女性嫌悪」の不毛な二項対立にしかなっていない気がする。そこが残念でならない。

男性嫌悪のハンドサイン

二〇二三年、ある騒動が起きて、しばらく静かだったフェミニズム論争が復活した。

議論の呼び水となったのは、ある匿名掲示板の書き込みだった。韓国屈指の不動産信託会社の採用担当者が書いた文章だ。このサイトは、電子メールなどで社員の認証手続きを経なければ加入できないので、ニセモノではないと思われる。

タイトルは「フェミのせいで女性たちは損してるようだけど?」というものだ。韓国ではフェミニストを揶揄《やゆ》して「フェミ」と呼ぶことが多い。

「うちの部署では、履歴書が来たら女子大というだけでふるい落とす。女性だからと無条件で落とさないが、女子大出身者なら自己紹介書も読まずに不合格にする」

韓国では女子大、とくに梨花女子大と淑明《スンミョン》女子大はフェミニズムの双璧と考えられている。この投稿に対し「うちの会社もそうだ」「騒げば騒ぐほど、過激な女性はもっと採用を減らされるだろう」など、採用過程で性差別があるというコメントが多く書き込まれた。

表立っては口にできないような差別的な考えだらけで物議を醸《かも》した。

この騒動の発端は、ゲーム業界の「男性嫌悪」にあった。ゲーム映像のいくつかに、男性を貶《おとし》めるハンドサインが含まれていたのだ。親指を伸ばし人さし指を曲げるポーズが、脈絡もないところで入っている。これらはすべて「スタジオプリ」という会社が制作したアニメだった。スタジオプリは「意図したものではない」と釈明し、その後、「該当のスタッフが作業したものはリストアップし、各ゲーム会社に報告し、対処する」と答えた。

こうしたハンドサインが問題になるのは初めてではない。二〇二一年には、コンビニエンスストア「GS25」やチキンチェーン店「BBQ」「キョチョンチキン」の広告物にも「男性嫌悪」のマークが入っていると物議を醸し、大きな社会問題になった。

男性側の過剰反応もあるかもしれないが、本当に意図的であったとしたら、やることが幼稚すぎるだろう。韓国における男女の対立はますます溝が深まっていて、本来のフェミニズムが目指すべき社会の実現が二の次になってしまっている。

韓国のフェミニズム・コミュニティ「メガリア」(現在は閉鎖)のロゴマーク。韓国人男性の一部は、過激なフェミニストが男性の身体の特定部位を嘲笑するために用いるハンドサインだと批判している

3 「男女平等」への道

成人男性に課せられた兵役義務

世界で唯一の分断国家である韓国と北朝鮮。現在、両国は停戦中で、いつ戦争が勃発《ぼっぱつ》するか分からない状況だ。二〇二四年五月にも、北朝鮮からゴミや汚物の入った「汚物風船」がソウルに飛んできて、「もしかしたら危険なウイルスではないか」と韓国の人々を不安に陥らせた。これは、在韓脱北者の団体がキム・ジョンウン（金正恩）体制を卑下するビラを飛ばしたことに対する対抗措置だったと考えられている。

両国間の小さな衝突は日常的に起きており、国防のため韓国人男性には兵役義務が課せられている。韓国の徴兵制は、朝鮮戦争後の一九五一年から本格的に施行された。兵役義務があるのは一八歳以上の男性で、心身ともに一定レベルの条件を満たせば「現役」（常時服務する軍人）の対象になる。事故の後遺症や肥満などにより条件を満たせない場合は「公益勤務要員」として、公共機関で働くことで代替する。

ドラマ「Miss ナイト＆Miss デイ」（二〇二四年）では、トップスターのコ・ウォンが公益勤務で地検に入り、オフィスワークをしながら女性主人公を助ける姿が描かれている。映画『リバウンド』(二〇二三年)では、公益勤務としてバスケットボール部に雇われたコーチが弱小チームとともに全国大会を目指すという、実話をもとにしたストーリーが人々の感動を呼んだ。「太陽の末裔《まつえい》」(二〇一六年)や「D.P.~脱走兵追跡官」(二〇二一年)、「軍検事ドーベルマン」(二〇二二年)など、多くのドラマで軍隊が素材に使われている。韓国人にとって兵役は身近な存在だ。

実のところ、多くの韓国人男性は兵役に行きたがらない。二〇代という青春の大事な約二年間を奪われてしまうから当然だろう。専門的な仕事や高度な知識が求められる仕事に就きたい人にとっても、兵役期間は自由に勉強できなくなってしまうから避けたいはずだ。

また、恋愛中の男性は恋人と離れるのがつらいという。兵役に行っている間に、恋人が浮気してしまうケースは実に多い。二〇〇四年に放送された「愛情の条件」というドラマは、二〇代のノ・ユンテクが兵役に入っている間に、恋人のカン・ウンパを他の男に取られてしまうストーリーから始まる。ウンパは寂しさのあまり、遊び人であるユンテクの友達と同棲《どうせい》し、妊娠してしまう。当時まだ若かった私にとっては身近に感じられたドラマで、切ない思いで見ていた。

スターたちの兵役事情

だからといって、韓国人男性は兵役から逃げるわけにもいかない。最後まで兵役を忌避《きひ》したら、逮捕されて刑務所行きになる。私の友人には、兵役に就きたくないし刑務所に入るのも嫌なので、国外に逃亡した人がいる。韓国に戻ってきたら逮捕されてしまうので、いまも海外で暮らしている。

外国籍の場合には兵役義務がない。そこで、兵役逃れのために外国籍を取得する芸能人が出てきて、一時期、大きな問題になった。いまでも兵役逃れの代表として取り上げられるのが、歌手ユ・スンジュン（一九七六年生まれ）だ。一九九〇年代後半から二〇〇〇年代初頭にかけて、全国民に愛されるトップスターだったユ・スンジュンは、ハンサムで歌もダンスもうまく、青少年の憧れだった。仕事で彼に会ったことがあるが、実に礼儀正しく、思いやりあふれる青年だったのを覚えている。

ユ・スンジュンは二〇〇二年、公益勤務要員の召集通知を受け取ると、ロサンゼルスでアメリカの市民権を取得してしまう。二重国籍だったから可能なことだった。もともと彼は「時が来たら兵役に就く」と公言していただけに、国民から大バッシングを受けてしまう。韓国の法務部は「韓国の利益や公共の安全を害する行動をするおそれがあると認めるに足る理由がある者」に該当するとして、ユ・スンジュンを入国制限対象者に登録したため、韓国に入国できなくなってしまった。その後、韓国入国のために裁判を起こし、二〇二三年、二度目のビザ発給訴訟で勝訴した。彼もこの二十数年間、十分苦しんできたはずだ。早く韓国に入国できることを願っている。

映画『新感染〜ファイナル・エクスプレス』（二〇一六年）や『犯罪都市』（二〇一七年）などで知られる俳優マ・ドンソク（一九七一年生まれ）も、兵役に就いていない有名人のひとりだ。なぜなら彼も米国籍だからだ。マ・ドンソクがユ・スンジュンと違ってバッシングされないのは、彼が兵役逃れの目的で米国籍を取得したわけではなかったからだ。

「江南《カンナム》スタイル」で全世界を風靡《ふうび》した歌手のPSY（サイ）は、産業分野に従事する産業技能要員として兵役の義務を果たした。しかし、この期間に歌手として公演していたことがバレてしまい、国民から大バッシングを浴びた。そこで現役入隊することになり、芸能人で初めて二度兵役に就いた人として知られている。

韓国国民の全男性に課せられる義務だけに、兵役逃れに向けられる視線は厳しい。男性たちの間では、「自分は二年間も苦しい思いをしたのに、お前だけ逃げるのは許さない」という気持ちが強いようだ。

女性にも兵役を課すべき?

兵役義務を巡っては、男女の間で大きな軋轢《あつれき》が生じている。「男ばかりが兵役の義務を負うのは不公平だ」という男性の声が大きくなってきたのだ。

もちろん男性全員がそう言っているのではなく、女性の兵役義務に反対の声もある。「最低賃金以下で国のために奉仕しているんだ。女性用の施設を作るカネがあるなら、そのぶん俸給を上げてくれ」と言う男性もいれば、「兵役に就きたい女性は就けばいいし、身体的な能力不足で無理だと思うなら、軍人の看護や軍需品製造など別の分野で奉仕すればいい」という声もある。

たいていの韓国人女性は兵役に就きたくないと考えているが、男女同権を訴える一部のフェミニストは違う。女性も兵役に就くべきだとして「軍隊は公に休める『グンカンス』だし、衣食住も保障してくれて、手軽にお金を稼げる。女性にも兵役の権利をくれ」と主張する。「グンカンス」とは「軍隊」と「バカンス」をかけ合わせた造語で、軍服務中の現役や公益勤務要員、兵役を終えた男性たちを卑下する単語だ。ちなみに軍隊の月給は、二等兵六四万ウォン(約七万円)、一等兵八〇万ウォン(約八・八万円)、上等兵一〇〇万ウォン(約一一万円)、兵長一二五万ウォン(約一三・八万円)となっている(二〇二四年現在)。

二〇一四年六月、ソウル大学の前で女子学生二人が女性の兵役義務化を主張するデモを行った。「男性だけが国防の義務を果たすのは違憲です。真の平等のためにも変えるべきです」と書かれた紙を持って立ったのだ。

二〇一七年一〇月には「女性の徴兵制」が社会的な問題にもなった。当時、ムン・ジェイン政権にはネット上で国民の声を聞く「国民請願掲示板」というものがあった。ここに寄せられた女性の請願が話題となった。「出生率が低下しているし、軍隊の兵力も足りなくなってきている。女性も男性の能力に劣らないのだから、国防義務を果たす対象に入れてください」という趣旨のもので、最終的に一二万人以上の署名を集めた。

ムン・ジェイン大統領は、これを「재미있는《チェミインヌン》 이슈네요《イシュネヨ》（面白い問題だね）」と軽く受け流した。この言葉はいまでも韓国のネット上でミーム（ネタ）になっていて、「重要だと思われる問題を政府は笑い話として片づける」という意味で使われる。

二〇二四年三月、韓国と同じく徴兵制を敷いているデンマークは、女性も兵役対象に加えることを発表した。二〇一五年にノルウェー、二〇一八年にスウェーデンが女性に徴兵義務を課しているので、北欧では三か国目になる。また、フィンランドやイスラエルでは女性の志願が認められている。

韓国も女性徴兵の道を開けば、男女間の対立が少しは和《やわ》らぐのだろうか。今後の趨勢《すうせい》を見守りたい。

筋肉バトルでのジェンダー問題

ネットフリックスで配信中の「フィジカル100」という番組がある。「我こそ最強の肉体」を自負する100人の参加者が、過酷な「クエスト」に挑む韓国のサバイバルバラエティで、海外でもTOP10に入るほどの人気を集める番組だ。

年齢、性別、体格、国籍を問わずに参加することができ、出演者の職業もさまざまだ。格闘技やレスリング、マラソンなどの正統派スポーツ選手をはじめとして、ユーチューバー、ダンサー、俳優、ボディービルダー、軍人、消防官……実に多種多様だ。優勝賞金が三億ウォン、日本円で約三三〇〇万円ということもあって、みんなギラギラしている。

クエストは個人戦から始まるが、途中でチーム戦となり、最後は再び個人戦で優勝者を決める。視聴者は自分の「推し」が無事に通過するとうれしくて、わくわくしながら見てしまう。ドラマ「イカゲーム」（二〇二一年）のように「誰が生き残るのか」というサバイバルゲーム的な要素もあるが、それだけが人気の秘密ではないだろう。出演者たちがクエストを最後までやり遂げようとする強い精神力や、積み重ねてきた努力を見ていると、こちらも元気が出る。厳しいトレーニングは自分との闘いだ。励みにもなるし、だらけている自分への戒《いまし》めにもなる。

私はこの番組をシーズン2まで見て楽しんだが、ずっと疑問に思うことがあった。参加者には女性もいるので、チーム戦では当然、男女混合のチームも出てくる。男性だけのチームに比べて、女性がいたら不利ではないか。

個人のクエストなら本人だけの脱落で終わりだし、自分ひとりで悔しがればいいが、チーム戦となるとそうもいかない。ひとりのせいでチーム全員が先に進めなくなってしまうこともある。クエストはどれも単純な体力勝負で、重い砂袋を運んだり、無限スクワットやぶら下がり対決など、チームに女性がいて有利になるようなゲームはないし、女性がいるチームにハンデがつくこともない。

だからチームの編成を決めるとき、女性は敬遠されがちだ。単なるお遊びやゲームなら別として、これは三億ウォンという大金が懸かっている。仕事を辞めてまで参加する人もいる真剣勝負だから、女性と組んで不利になるのはイヤなはずだ。たとえ女性であっても、できるなら男性と組みたいに違いない。誰と組むかによる「運」の要素が、なぜこの番組に必要なのだろうか。優勝を競う大会として公平性に欠けるのではないか。

この番組を見ていると、「女性にも兵役を」という議論の難しさがよく分かる。フェミニズムが理想とする「男女平等」がどのような次元で達成されるのかは、いまだに見えてこないままだ。

おわりに

完成した文章を日本語に置き換える作業(翻訳)がメインの私にとって、自分の言葉で事物を説明する作業は、思っていた以上に大変だった。どこまで掘り下げて書けばいいのかも分からず、くだらない話をつらつらと書き連ねてボツになった原稿も多い。この一冊を書き上げるのに一〇万字以上を費やしたはずだ。

思い違いや記憶の間違いがないよう、細かく資料に当たる時間もかなりかかった。本書を執筆しながらも、毎週ドラマの字幕とウェブ漫画の納品に追われて、飲み会に行く時間が取れなかったほどだ。人とのつながりや縁を大事にしている私にとっては、それだけが悔やまれる。

やっとの思いで脱稿した後も、韓国では次々と新しい事件や事故が起きている。

先日は市庁《シチョン》駅付近で乗用車が歩道に突っ込み、九人の命が奪われた。運転していた高齢の男性は「車が急発進した」と主張したが、科捜研が調査した結果、この主張は認められなかった。おそらくブレーキとアクセルの踏み間違いだと思われる。運転していた男性も、助手席に乗っていた彼の妻も、大勢の死者が出たにもかかわらず事故を車のせいにして謝罪しなかったため、全国民の怒りを買った。たとえ業務上過失致死だったとしても、九人の命を奪いながら最も重い量刑は禁固五年でしかないことに、人々は憤慨している。おそらく法改正も急速に進むだろう。

この事故のあと、なぜか連日のように高齢者の事故が相次いだ。事故を起こした人は全員「急発進」を主張したが、実は単なるブレーキとアクセルの踏み間違いを車のせいにしていたようだ。市庁駅事故に倣《なら》って言い訳しているのだと思われる。ネット上では「なぜ高齢者の車だけ急発進するのか」と憤《いきどお》る人々のコメントであふれていて、「アクセル付近にもドラレコを義務化すべきだ」との声が上がっている。

これらの事故から、二〇一九年に東京・池袋で起きた暴走事故を想起した読者も多いだろう。母娘二人が死亡、九人が負傷した痛ましい事故だが、運転手の男性(当時八七歳)は車両のトラブルが事故原因だと主張した(のちに禁固五年の刑が確定)。その後、違反歴がある七五歳以上の運転者には、免許の更新時に検査を受けることが義務づけられた。

本書でも書いたように、韓国人は、間違ったことや不正義をなあなあにして済ませず、最後まで追及する根性がある。法改正も早い。市庁駅の事故が韓国でどのような世論を喚起するのか、日本の皆さんにもぜひ見届けてほしい。そこに日本社会と韓国社会の共通点や相違点が現れるはずだ。

最後に、本書を手に取って読んでくださった方々に感謝するとともに、執筆にあたって多くの助言とサポートを下さった韓日字幕翻訳者の福留友子さん、鯉渕友美さん、金智子さん、特殊団体タコ部屋の皆様、在韓四〇年の産経新聞ソウル駐在客員論説委員の黒田勝弘さん、その他多くの方々に感謝を申し上げます。また、執筆の進まない私を叱咤《しった》激励し、アイデアを出してくださった編集者の鈴木由香さん、NHK出版の粕谷昭大さんには大変お世話になりました。心よりお礼申し上げます。

二〇二四年八月　オカメインコのかぶりとともに

金光英実

編集協力　鈴木由香
猪熊良子
地図作成　手塚貴子
DTP　佐藤裕久